YouTube 한끝놀이연구소

한끝 놀이연구소

한 권으로 끝장내는 놀이 대백과

엄혁주 · 임문광 · 신호철 · 천지혜 지음

협동, 창의, 공감, 도전 역량을 기르며
즐겁게 배우고 함께 성장하는

264개의 감동이 있는 교육놀이와 영상!

유튜브 놀이영상 100여개 수록!

휴먼북스

엄마! 아빠! 오늘 학교에서 너무 재미있었어요!

저는 학교 수업을 마치고 우연히 창밖으로 하교하는 아이들의 모습을 관찰하게 되었습니다. 전력 질주로 달려가는 아이, 쭈그리고 앉아서 무언가를 유심히 관찰하는 아이, 난간 위에 올라가 아슬아슬하게 묘기를 부리는 아이, 스마트폰을 들여다보며 한참을 서 있는 아이 등 다양한 모습을 하고 있었습니다. 그에 비해 어른들의 모습은 누가 쫓아오기라도 하는 듯 앞만 보고 바삐 걸어가고 있었습니다.

저는 순간 "여유"라는 낱말이 뇌리를 스치고 지나갔습니다. 사실 아이들도 학원, 숙제, 놀기 등으로 매우 바쁜 시간을 보냅니다. 그러나 어른과 다른 점은 바쁜 일이라고 하는 그 시간 이외에는 항상 여유를 갖고 산다는 것입니다. 학교에서도 선생님은 수업시간에 많은 것을 가르치려고 바쁘게 노력하는데 학생들은 오히려 여유를 갖고 앉아있는 모습을 왕왕 보게 됩니다. 정해진 학교 수업시간에 많은 것을 교육한다고 아이들이 다 받아들이지 못한다는 것을 알면서도, 정해진 교육과정과 주간학습계획이라는 그 계획을 맞추기 위해 선생님도 학생들도 정신없이 앞만 보고 달려가고 있는 것은 아닌지 생각해보게 됩니다.

창의성은 여유와 즐기는 과정에서 더 발현된다고 합니다. 학교 수업도 학생들의 다양한 관점과 역량 그리고 창의성 계발을 위해 좀 더 여유 있고 행복한 수업이 되었으면 하는 바람이 이 책을 만드는 계기가 되었습니다.

선생님도 학생도 행복하고 즐거운 수업은 어떻게 해야 할까요? 그리고 학부모와 긍정적 소통이 가능한 상담에는 무엇이 있을까요? 다양한 의견이 있지만 저는 간단하게 '놀이수업'도 좋은 방법이라고 말하고 싶습니다.

얼마 전 1학년에 갓 입학했던 둘째 아이가 퇴근 후 집에 돌아온 저에게 달려오며 환한 미소로 반겨 준 적이 있었습니다. 평소에는 '다녀오셨어요?' 하고는 자기 할 일을 하던 아이였습니다. 그러나 그날은 저도 온종일 힘들었던 피로가 싸~~악 가시며 '오늘 무슨 좋은 일 있었어?'라고 물었습니다. 아이는 너무 밝은 표정으로 학교에서 놀이수업 했던 것을 쉬지 않고 이야기했습니다. 그 순간 저는 이상하게도 우리 아이의 선생님께도 학교에도 좋은 감정과 고마운 감정이 생기기 시작했습니다.

요즘 여러 가지 사회문제나 학교 폭력 등으로 학생도 선생님도 힘들고 어려운 시간을 보내기도 합니다. 에리히 프롬은 아이들이 힘들고 부적응하다는 것은 마음껏 놀면서 해소하지 못한 표출이며 복수라고 했습니다. 학교에서 논다고 하면 예전엔 정말 상상할 수 없는 일이었습니다. 수업이라고 하면 모두가 침묵한 채 칠판을 바라보고 선생님은 열심히 설명하고 적고 하는 모습만을 경험해 왔기 때문입니다. 그러나 지금의 초등학교 교실을 보면 아이들이 수업시간에도 서로 이야기를 나누고 토론하고 움직이며 돌아다닙니다. 하다못해 교실에서 체육(교실체육)을 하기도 합니다.

아이들에게 놀이는 편안한 안식처요, 어머니와 같은 안정감의 존재이기에 수업을 놀이와 연계하여 아이들에게 놀 수 있는 공간과 시간을 열어주는 것은 매우 중요하다고 할 수 있습니다.

저자들은 그동안 체육과 놀이에 관심을 두고 선생님들께 수업과 놀이, 그리고 체육을 한 권으로 끝장낼 방법이 무엇일까 고민하며 우리나라에 있는 모든 놀이들을 모아서 실제 아이들에게 적용할 수 있고 수업 상황에서 활용 가능한 책을 만들고자 하였습니다. 이러한 고민들을 이 책에 모두 집어넣고자 하였습니다.

따라서 장소에 따라 교실, 운동장, 실내(체육관, 강당 등) 놀이를 구성하고, 즐거운 교과수업이 될 수 있도록 융합수업에 활용할 수 있는 놀이와 체육수업에도 적극적으로 활용할 수 있도록 구성하였습니다. Part 1(교실놀이)은 학급경영, 교실체육으로 나누었고, Part 2(융합체육놀이)는 통합교과, 수학, 국어, 과학, 코딩과 결합한 체육놀이를 구성하였으며, Part 3(실내놀이)은 육상, 체력, 씨름, 점프, 릴레이, 미션달리기, 술래잡기, 던지기, 축구형, 농구형, 야구형, 네트형, 균형, 도구(플레이스틱, 리액션볼)를 활용한 체육놀이를 구성하였고, Part 4(운동장놀이)는 릴레이, 술래잡기, 도형, 철봉, 축구형, 농구형, 야구형, 줄놀이로 구성하였고, Part 5(뉴스포츠놀이)는 플라잉디스크, 플로어볼, 짐볼, 기타 뉴스포츠 놀이로 구성하였습니다.

이 한 권이면 선생님의 놀이수업, 체육수업에 대한 고민이 한 방에 해결되리라 기대해 봅니다.

아무쪼록 이 책이 나오기까지 기다려주고 도움을 준 모든 저자의 가족들과 책이 나오도록 출판해준 휴먼북스 김재호사장님과 출판사 관계자분들께 고맙다는 인사를 드립니다. 마지막으로 항상 수업과 아이들에 대한 고민으로 힘들어하는 모든 선생님들께 힘찬 응원을 보냅니다.

2020년 1월

대표저자 엄혁주

차례

책 머리에 엄마~ 아빠~ 오늘 학교에서 너무 재미있었어요 002

활용 up 재미 up 행복 up 018

Part 1 교실놀이 031

01 학급경영놀이 032

1-1. 초성 게임 _ 032
1-2. 사전 의미 찾기 _ 034
1-3. 순서 정렬 놀이 _ 036
1-4. 사자성어 놀이 _ 038
1-5. 이야기 뻥튀기 _ 040
1-6. 틀린 그림 찾기 _ 042
1-7. 범인은 누구인가요? _ 044
1-8. 진실 혹은 거짓 _ 046
1-9. 너의 등 뒤에서 _ 048
1-10. 엉킨 손 풀기 _ 050
1-11. 나를 소개합니다 _ 052
1-12. 전기 놀이 _ 054
1-13. 탐지기 박수 _ 056
1-14. 일심동체 _ 058
1-15. 주제어 말하기 _ 060
1-16. 안으로 밖으로 _ 062

02 교실체육놀이 064

1-17. 지뢰를 피해 건너라 _ 064
1-18. 저승사자 놀이 _ 066
1-19. 협동실내화벗기 _ 068
1-20. 협동 종이컵 탑 쌓기 _ 070
1-21. 우리는 플라밍고 _ 072
1-22. 우리함께 업 다운 _ 074

1-23. 한 발짝 가위바위보 _ 076
1-24. 가위바위보 진화놀이 _ 078
1-25. 의자 바꾸기 _ 080
1-26. 협동 오리걸음 _ 082
1-27. 손가락 훌라후프 추격전 _ 084
1-28. 한발 얼음땡 _ 086
1-29. 한 걸음 술래잡기 _ 088
1-30. 좀비 술래잡기 _ 090
1-31. 화석술래 잡기 _ 092
1-32. 탁구공 술래잡기 _ 094
1-33. 젓가락 굴렁쇠 _ 096
1-34. 협동 풍선 튕기기 _ 098
1-35. 교실 풍선 탁구 _ 100
1-36. 교실 탁구 _ 102
1-37. 풍선 얼티미트 _ 104
1-38. 택배왔어요 _ 106
1-39. 교실컬링 _ 108
1-40. 발목을 맞춰라 _ 110
1-41. 교실 바운딩 피구 _ 112
1-42. 교실 피구 _ 114
1-43. 교실 드리블 _ 116
1-44. 교실 핸드볼 _ 118
1-45. 의자 가가볼 _ 120
1-46. 탱탱텐 _ 122
1-47. 교실 칸잼 _ 124
1-48. 둥지 밖으로 _ 126
1-49. 줄 씨름 _ 128
1-50. 나는야 팔 천하장사 _ 130
1-51. 씨름 술래잡기 _ 132
1-52. 엎드려 손바닥 치기 _ 134
1-53. 보안 레이저 피하기 _ 136
1-54. 술래 노래방 _ 138
1-55. 동물원 놀이 _ 140
1-56. 날~ 따라해봐요! _ 142
1-57. 텔레스트레이션 _ 144
1-58. 절대음감 _ 146
1-59. 어둠의 펜싱 _ 148
1-60. 교실 올림픽 Ⅰ _ 150
1-61. 교실 올림픽 Ⅱ _ 152
1-62. 교실 올림픽 Ⅲ _ 154

Part 2 융합체육놀이 157

01 통합교과 + 체육 158

2-1. 우리집에 놀러와 _ 158
2-2. 태풍아 불어라 _ 160
2-3. 곤충 씨름 _ 162
2-4. 평화와 통일 _ 164
2-5. 원마커 전화놀이 _ 166

02 수학 + 체육 168

2-6. 쌓은 모양은 뭐지 _ 168
2-7. 꺾은선 그래프 _ 170
2-8. 트랜스그래프 _ 172
2-9. 더 멀리 _ 174
2-10. 막대 그래프 만들기 _ 176
2-11. 들이의 덧셈 뺄셈 _ 178
2-12. 원마커 시계 _ 180
2-13. 십진수 감옥놀이 _ 182
2-14. 누들 누들 파이팅 _ 184
2-15. 원마커 점프놀이 _ 186
2-16. 구구단 달팽이 _ 188
2-17. 곱셈 달리기 _ 190
2-18. 나눗셈 달리기 _ 192
2-19. 주사위전개도 _ 194
2-20. 탁구공 전개도 _ 196
2-21. 쌓기나무 볼링 _ 198
2-22. 도형 이어달리기 _ 200
2-23. 변신 주사위 놀이 _ 202
2-24. 협동 균형 잡기 _ 204

03 국어 + 체육 206

2-25. 통통 한글 탁구공 _ 206

04 과학 + 체육 208

2-26. N극과 S극 _ 208
2-27. 훌라후프 탑쌓기 _ 210

05 코딩 + 체육 212

2-28. 4단계 스트레칭 놀이 _ 212
2-29. 2진법점프놀이 _ 214
2-30. 정렬망 드리블놀이 _ 216
2-31. 오렌지게임 _ 218

Part 3 실내놀이 221

01 육상놀이 222

3-1. 민첩성 놀이 Ⅰ _ 222
3-2. 민첩성 놀이 Ⅱ _ 224
3-3. 8개의 콩을 주어라 _ 226
3-4. 실내화 잡기 놀이 _ 228
3-5. 페이서 릴레이 _ 230
3-6. 판 뒤집기 놀이 _ 232
3-7. 협동 스카프 잡기놀이 _ 234
3-8. 스카프 저글링 릴레이 _ 236
3-9. 스카프를 지켜라 _ 238
3-10. 물병 세워 릴레이 _ 240
3-11. 물컵 채워 릴레이 _ 242

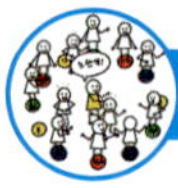

02 체력놀이 244

3-12. 스피드 터널 탈출 _ 244
3-13. 방 바꾸기 놀이 _ 246
3-14. 점프 트위스트 _ 248
3-15. 훌라후프 파도타기 _ 250
3-16. 거미줄 피하기 _ 252
3-17. 신문지 다리만들기 _ 254
3-18. 접시콘 승부차기 _ 256
3-19. 모둠 저글링 _ 258
3-20. 두 손 잡고 구르기 _ 260
3-21. 친구와 함께 균형 잡기 _ 262
3-22. 징검다리 줄넘기 _ 264
3-23. 동서남북 제기차기 _ 266

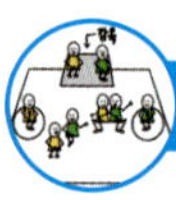

03 씨름놀이 268

3-24. 돼지 씨름 _ 268
3-25. 내가 바로 대왕 닭 _ 270
3-26. 쭈구려 단체 스모 _ 272

04 점프놀이 274

3-27. 멀리뛰기 릴레이 _ 274
3-28. 원마커 개구리 뛰기 _ 276
3-29. 훌라후프 개구리 뛰기 _ 278
3-30. 플레이스틱 개구리 뛰기 _ 280

05 릴레이 놀이 282

3-31. 미션 페이서 _ 282
3-32. 동서남북 릴레이 _ 284
3-33. 숫자 릴레이 _ 286
3-34. 터치터치 릴레이 _ 288
3-35. 가위바위보 릴레이 _ 290
3-36. 깃발 뽑기 달리기 _ 292
3-37. 협동 손가락 릴레이 _ 294

06 미션달리기 놀이 296

3-38. 운명의 셔틀콕 _ 296
3-39. 하나되어 달리기 _ 298
3-40. 실내 바이에슬론 _ 300
3-41. 주사위 달리기 _ 302
3-42. 통통 릴레이 _ 304
3-43. 깃발 빼기 달리기 _ 306
3-44. 지구를 굴려라! _ 308
3-45. 어깨동무 달리기 _ 310
3-46. 지그재그 달리기 _ 312
3-47. 순서 섞어 릴레이 _ 314
3-48. 점보 스택스 릴레이 _ 316
3-49. 훌라후프 빙고놀이 _ 318
3-50. 콩모으기 셔틀런 _ 320
3-51. 던지며 이어달리기 _ 322
3-52. 새옹지마 릴레이 _ 324

07 술래잡기 놀이 326

3-53. 쥐와 고양이 _ 326
3-54. 트라이앵글 술래잡기 _ 328
3-55. 백지장 술래잡기 _ 330
3-56. 강 건너기 _ 332
3-57. 새옹지마 릴레이 _ 334
3-58. 실내화 술래잡기 _ 336

3-59. 그물 술래잡기 _ 338
3-60. 무궁화 공이 피었습니다 _ 340
3-61. 하나둘셋 피구 _ 342
3-62. 고인돌 술래잡기 _ 344
3-63. 아메바 술래잡기 _ 346
3-64. 마피아 술래놀이 _ 348
3-65. 몬스터를 피해라 _ 350

08 던지기 놀이 352

3-66. 무릎 꿇고 릴레이 던지기 _ 352
3-67. 후프 5홀 _ 354
3-68. 표적 맞히기 _ 356
3-69. 창 이어 던지기 _ 358
3-70. 다트 계산기 _ 360
3-71. 볼 다트 _ 362
3-72. 낙하산 탱탱볼 _ 364
3-73. 팀 저글링 _ 366
3-74. 피봇 피구 _ 368
3-75. 스파이 피구 _ 370

09 축구형놀이 372

3-76. 서클 패스(Circle Pass) _ 372
3-77. 프리킥 마스터 _ 374
3-78. 우유곽을 날려라 _ 376

10 농구형놀이 378

3-79. 대장공 놀이 _ 378
3-80. 난쟁이 농구 _ 380
3-81. 한 마음 프리드로우 _ 382
3-82. 드리블 릴레이 _ 384
3-83. 드리블 보물 빼앗기 _ 386
3-84. 빠르게 패스하기 _ 388

11 야구형놀이 390

3-85. 정확하게 잡기 _ 390
3-86. 삼공 발야구 _ 392
3-87. 협동 발야구 _ 394

12 네트형놀이 396

3-88. 배드민턴 릴레이 _ 396
3-89. 3인 배드민턴 _ 398
3-90. 원바운드 족구 _ 400
3-91. 수건배구 _ 402
3-92. 원바운드 배구 _ 404
3-93. 협동 배구 놀이 _ 406

13 균형놀이 408

3-94. 평균대 가위바위보 _ 408
3-95. 평균대 자리 바꾸기 _ 410
3-96. 온 몸 윷놀이 _ 412

14 플레이스틱 놀이 414

3-97. 플레이스틱 주고받기 _ 414
3-98. 플레이스틱 펜싱 놀이 _ 416
3-99. 외나무다리 가위 바위 보 _ 418
3-100. 갈대를 세워라 _ 420
3-101. 플레이스틱 이어달리기 _ 422
3-102. 플레이스틱 2인3각 _ 424
3-103. H 릴레이 _ 426
3-104. 플레이스틱 콩콩 릴레이 _ 428
3-105. 공왕 가마 게임 _ 430
3-106. 플레이스틱을 구해줘 _ 432
3-107. 허수아비 얼음땡 _ 434

15 리액션볼 놀이 436

3-108. 리액션볼 잡기 _ 436
3-109. 리액션볼 왼쪽 오른쪽 _ 438

Part 4 운동장놀이 441

01 릴레이 놀이 442

4-1. 가위바위보 준비운동 _ 442
4-2. 가위바위보 릴레이 _ 444
4-3. 공보다 빠르게 _ 446
4-4. 늘어나는 공 릴레이 _ 448
4-5. 늘어나는 바톤 릴레이 _ 450
4-6. 종이 달리기 _ 452
4-7. 휴지달리기 _ 454
4-8. 몬스터 피해 달리기 _ 456
4-9. 컵쌓기 릴레이 _ 458

02 술래잡기 놀이 460

4-10. 우리편 가위바위보 _ 460
4-11. 고깔 보물 찾기 _ 462
4-12. 모자 술래잡기 _ 464
4-13. 쥐와 고양이 _ 466
4-14. 여우야 여우야 1 _ 468
4-15. 여우야 여우야 2 _ 470
4-16. 런닝맨 _ 472
4-17. 폭탄 돌리기 _ 474
4-18. 서바이벌 반달놀이 _ 476
4-19. 하늘땅 _ 478
4-20. 태풍 술래잡기 _ 480

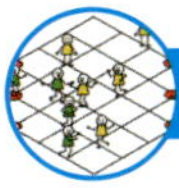

03 도형놀이 482

4-21. 바둑판놀이 _ 482

4-22. 협동도형놀이 _ 484

04 철봉놀이 486

4-23. 철봉 가위바위보 _ 486

4-24. 철봉 통닭 _ 488

4-25. 철봉 허수아비 _ 490

05 축구형 놀이 492

4-26. 교통신호 드리블 _ 492

4-27. 방 바꿔 드리블 _ 494

4-28. 한 몸 드리블 _ 496

4-29. 손족구 _ 498

4-30. 세레모니 페널티킥 _ 500

4-31. 구역축구 _ 502

06 농구형 놀이 504

4-32. 튀기고 부르기 _ 504

4-33. 튀기고 빼앗기 _ 506

4-34. 술래농구 _ 508

4-35. 구역 농구 _ 510

07 야구형 놀이 512

4-36. 주고 받고 릴레이 _ 512
4-37. 3인 주먹야구 _ 514
4-38. 미니 발야구 _ 516
4-39. 얼음 발야구 _ 518
4-40. 카드 발야구 _ 520
4-41. 올패스 발야구_ 522

08 줄놀이 524

4-42. 운동장 5선 컬링 _ 524
4-43. 가위바위보 줄넘기 _ 526

Part 5 뉴스포츠놀이 529

01 플라잉디스크 놀이 530

5-1. 플라잉디스크 준비운동 _ 530
5-2. 플라잉디스크 떡배달놀이 _ 532
5-3. 플라잉디스크 패스릴레이 _ 534
5-4. 플라잉디스크 피구 _ 536
5-5. 플라잉디스크 사거리 _ 538
5-6. 플라잉디스크 얼티미트 _ 540
5-7. 성 무너뜨리기 _ 542
5-8. 플라잉디스크 윷놀이 _ 544
5-9. 플라잉디스크 골프 _ 546

02 플로어볼 놀이 548

5-10. 플로어볼 보물 지키기 _ 548

5-11. 플로어볼 그림자 드리블 _ 550

5-12. 플로어볼 슛팅 릴레이 _ 552

03 짐볼 놀이 554

5-13. 짐볼 술래잡기 _ 554

5-14. 짐볼 협동피구 _ 556

5-15. 프리맨 짐볼 _ 558

04 기타 560

5-16. 플로어 컬링 _ 560

5-17. 츄크볼 _ 562

5-18. 투투볼 _ 564

5-19. 레더볼 _ 566

1. 자투리 수업놀이

: 수업시간에 잠깐 잠깐 활용할 수 있는 놀이

번호	놀이제목	번호	놀이제목	번호	놀이제목
1-1	초성 게임	1-14	일심동체	1-58	절대음감
1-2	사전의미찾기	1-15	주제어말하기	1-60	교실 올림픽 Ⅰ
1-3	순서정렬놀이	1-18	저승사자 놀이	1-61	교실 올림픽 Ⅱ
1-4	사자성어 게임	1-20	협동 종이컵 탑 쌓기	1-62	교실 올림픽 Ⅲ
1-5	이야기 뻥튀기	1-21	우리는 플라밍고	2-1	우리집에 놀러와
1-6	틀린 그림 찾기	1-23	한 발짝 가위바위보	2-9	더 멀리
1-7	범인은 누구인가요?	1-54	술래 노래방	2-20	탁구공 전개도
1-8	진실 혹은 거짓	1-55	동물원 놀이	2-25	통통 한글 탁구공
1-11	나를 소개합니다	1-56	날~ 따라해봐요!	2-31	오렌지게임
1-13	탐지기 박수	1-57	텔레스트레이션		

2. 저학년 수업놀이

: 1-2학년 초등학생에게 활용할 수 있는 쉽고 간단한 놀이

번호	놀이제목	번호	놀이제목	번호	놀이제목
1-1	초성 게임	2-2	태풍아 불어라	3-16	거미줄 피하기
1-3	순서정렬놀이	2-3	곤충씨름	3-27	멀리뛰기 릴레이
1-6	틀린 그림 찾기	2-4	평화와 통일	3-28	원마커 개구리 뛰기
1-9	너의 등 뒤에서	2-5	원마커 전화놀이	3-29	훌라후프 개구리 뛰기
1-13	탐지기박수	2-12	원마커 시계	3-36	깃발 뽑기 달리기
1-16	안으로 밖으로	2-13	십진수 감옥놀이	3-39	하나되어 달리기
1-17	지뢰를 피해 건너라	2-14	누들 누들 파이팅	3-43	깃발 빼기 달리기
1-25	의자 바꾸기	2-15	원마크 점프놀이	3-48	점보 스택스 릴레이
1-33	나를 소개합니다	2-20	탁구공 전개도	3-68	표적 맞히기
1-34	협동 풍선 튕기기	2-22	도형 이어달리기	3-69	창 이어 던지기
1-54	술래 노래방	2-23	변신 주사위 놀이	3-72	낙하산 탱탱볼
1-55	동물원 놀이	2-25	통통 한글 탁구공	3-97	플레이스틱 주고받기
1-56	날 ~ 따라해봐요!	3-2	민첩성 놀이 Ⅱ	3-98	플레이스틱 펜싱 놀이
1-57	텔레스트레이션	3-3	8개의 콩을 주어라	3-100	갈대를 세워라
1-58	절대음감	3-7	협동 스카프 잡기놀이	3-101	플레이스틱 이어달리기
1-60	교실 올림픽 Ⅰ	3-12	스피드 터널 탈출	4-4	늘어나는 공 릴레이
1-61	교실 올림픽 Ⅱ	3-13	방 바꾸기 놀이	4-5	늘어나는 바톤 릴레이
1-62	교실 올림픽 Ⅲ	3-14	점프 트위스트	4-6	종이 달리기
2-1	우리집에 놀러와	3-15	훌라후프 파도타기	4-9	컵쌓기 릴레이

3. 체육놀이

: 체육교육과정에 맞춘 쉽고 재밌게 즐길 수 있는 놀이

1) 건강영역

번호	놀이제목	번호	놀이제목	번호	놀이제목
1-25	의자 바꾸기	3-10	물병 세워 릴레이	3-31	미션 페이서
1-26	협동 오리걸음	3-11	물컵 채워 릴레이	3-38	운명의 셔틀콕
1-34	협동 풍선 튕기기	3-12	스피드 터널 탈출	3-49	훌라후프 빙고놀이
1-38	택배왔어요	3-13	방 바꾸기 놀이	3-50	콩모으기 셔틀런
1-50	나는야 팔 천하장사	3-14	점프 트위스트	3-54	트라이앵글 술래잡기
1-52	엎드려 손바닥 치기	3-15	훌라후프 파도타기	3-72	낙하산 탱탱볼
1-53	보안 레이저 피하기	3-16	거미줄 피하기	3-99	외나무다리 가위 바위 보
3-1	민첩성 놀이 Ⅰ	3-17	신문지 다리만들기	3-100	갈대를 세워라
3-3	8개의 콩을 주어라	3-18	접시콘 승부차기	3-106	플레이스틱을 구해줘
3-4	실내화 잡기 놀이	3-19	모둠 저글링	3-108	리액션볼 잡기
3-5	페이서 릴레이	3-20	두손 잡고 구르기	3-109	리액션볼 왼쪽 오른쪽
3-6	판 뒤집기 놀이	3-21	친구와 함께 균형잡기	4-9	컵쌓기 릴레이
3-7	협동 스카프 잡기놀이	3-22	징검다리 줄넘기	4-11	고깔 보물 찾기
3-8	스카프 저글링 릴레이	3-23	동서남북 제기차기	4-41	가위바위보 줄넘기
3-9	스카프를 지켜라				

2) 도전영역

번호	놀이제목	번호	놀이제목	번호	놀이제목
1-27	손가락 훌라후프 이어	3-35	가위바위보 릴레이	3-71	볼 다트
1-38	택배왔어요	3-36	깃발 뽑기 달리기	3-94	평균대 가위바위보
1-39	교실컬링	3-37	협동 손가락 릴레이	3-95	평균대 자리 바꾸기
1-46	탱탱텐	3-38	운명의 셔틀콕	3-97	플레이스틱 주고받기
1-47	교실 칸잼	3-39	하나되어 달리기	3-98	플레이스틱 펜싱 놀이
1-48	둥지 밖으로	3-40	실내 바이에슬론	3-101	플레이스틱 이어달리기
1-49	줄 씨름	3-41	주사위 달리기	3-102	플레이스틱 2인3각 릴레이
1-51	씨름 술래잡기	3-42	통통 릴레이 3	3-103	H 릴레이
1-52	엎드려 손바닥 치기	3-43	깃발 빼기 달리기	3-104	플레이스틱 콩콩 릴레이
1-60	교실 올림픽 Ⅰ	3-44	지구를 굴려라!	3-105	공왕 가마 게임
1-61	교실 올림픽 Ⅱ	3-45	어깨동무 달리기	4-1	가위바위보 준비운동 달리기
1-62	교실 올림픽 Ⅲ	3-46	지그재그 달리기	4-2	가위바위보 릴레이
3-8	스카프 저글링 릴레이	3-47	순서 섞어 릴레이	4-3	공보다 빠르게
3-24	돼지 씨름	3-48	점보 스택스 릴레이	4-4	늘어나는 공 릴레이
3-25	내가 바로 대왕 닭	3-49	훌라후프 빙고놀이	4-5	늘어나는 바톤 릴레이
3-26	쭈구려 단체 스모	3-51	던지며 이어달리기	4-6	종이 달리기
3-27	멀리뛰기 릴레이	3-52	라바콘 새옹지마 릴레이	4-7	휴지달리기
3-28	원마커 개구리 뛰기	3-60	무궁화 공이 피었습니다	4-8	몬스터 피해 달리기
3-29	훌라후프 개구리 뛰기	3-61	하나둘셋 피구	4-18	서바이벌 반달놀이
3-30	플레이스틱 누들개구리 뛰기	3-66	무릎 꿇고 릴레이 던지기	4-21	바둑판놀이
3-31	미션 페이서	3-67	후프 5홀	4-24	철봉 통닭
3-32	동서남북 릴레이	3-68	표적 맞히기	4-25	철봉 허수아비
3-33	숫자 릴레이	3-69	창 이어 던지기	4-26	교통신호 드리블 놀이
3-34	터치터치 릴레이	3-70	다트 계산기	4-40	운동장 5선 컬링

3) 경쟁영역

번호	놀이제목	번호	놀이제목	번호	놀이제목
1-28	한발 얼음땡	3-76	서클 패스(Circle Pas)	4-29	손족구
1-29	한 걸음 술래잡기	3-77	프리킥 마스터	4-30	세레모니 페널티킥
1-30	좀비 술래잡기	3-78	우유곽을 날려라	4-31	구역축구
1-31	화석술래 잡기	3-79	대장공 놀이	4-32	튀기고 부르기
1-32	탁구공 술래잡기	3-80	난쟁이 농구	4-33	튀기고 빼앗기
1-33	젓가락 굴렁쇠	3-81	한 마음 프리드로우	4-34	술래농구
1-35	교실 풍선 탁구	3-82	드리블 릴레이	4-35	구역 농구
1-36	교실 탁구	3-83	드리블 보물 빼앗기	4-36	주고 받고 릴레이
1-37	풍선 얼티미트	3-84	빠르게 패스하기	4-37	3인 주먹야구
1-40	발목을 맞춰라	3-85	정확하게 잡기	4-38	미니 발야구
1-41	교실 바운딩피구	3-86	삼공 발야구	4-39	올패스 발야구
1-42	교실피구	3-87	협동 발야구	4-42	튀기고 빼앗고-농구형게임
1-43	교실 드리블	3-88	배드민턴 릴레이	5-1	플라잉디스크 피자배달부
1-44	교실 핸드볼	3-89	3인 배드민턴	5-2	플라잉디스크 떡배달놀이
1-45	의자 가가볼	3-90	원바운드 족구	5-3	플라잉디스크 패스릴레이
1-51	씨름 술래잡기	3-91	수건배구	5-4	플라잉디스크 피구
1-59	어둠의 펜싱	3-92	원바운드 배구	5-5	플라잉디스크 사거리
3-2	민첩성 놀이 Ⅱ	3-93	협동 배구 놀이	5-6	플라잉디스크 얼티미트
3-53	쥐와 고양이	3-107	허수아비 얼음땡	5-7	플라잉디스크 성무너뜨리기
3-55	백지장술래잡기	4-10	우리편 가위바위보	5-8	플라잉디스크 윷놀이
3-56	강 건너기	4-12	모자 술래잡기	5-9	플라잉디스크 골프

번호	놀이제목	번호	놀이제목	번호	놀이제목
3-57	모둠 꼬리 잡기	4-13	쥐와 고양이	5-10	플로어볼 보물지키기 놀이
3-58	실내화 술래잡기	4-14	여우야!여우야	5-11	플로어볼 그림자 드리블 놀이
3-59	그물 술래잡기	4-15	여우야 여우야 Ⅱ	5-12	플로어볼 슛팅 릴레이
3-62	고인돌 술래잡기	4-16	런닝맨	5-13	짐볼 술래잡기
3-63	아메바 술래잡기	4-17	폭탄 돌리기	5-14	짐볼 협동피구
3-64	마피아 술래놀이	4-18	서바이벌 반달놀이	5-15	짐볼 볼링
3-65	몬스터를 피해라	4-19	하늘땅	5-16	플로어 컬링(뉴에이지컬링)
3-73	팀 저글링	4-20	태풍 술래잡기	5-17	츄크볼
3-74	피봇 피구	4-26	교통신호 드리블 놀이	5-18	투투볼
3-75	스파이 피구	4-27	방 바꿔 드리블	5-19	레더볼
		4-28	한 몸 드리블		

4) 표현영역

번호	놀이제목	번호	놀이제목	번호	놀이제목
1-55	동물원 놀이	3-31	미션 페이서	4-23	철봉 가위바위보
1-56	날~ 따라해봐요!	4-22	협동도형놀이		

4. 도구 관련 놀이

: 한 가지 도구로 즐기는 다양한 놀이

1) 원마커 놀이

번호	놀이제목	번호	놀이제목	번호	놀이제목
1-17	지뢰를 피해 건너라	2-16	원마커 점프놀이	3-13	방 바꾸기 놀이
2-6	원마커 전화놀이	2-31	정렬망 드리블놀이	3-28	원마커 개구리 뛰기
2-13	원마커 시계	3-1	민첩성 놀이 I	4-5	몬스터 피해 달리기

2) 플레이스틱 놀이

번호	놀이제목	번호	놀이제목	번호	놀이제목
2-15	누들 누들 파이팅	3-100	갈대를 세워라	3-105	공왕 가마 게임
3-30	플레이스틱 누들 개구리 뛰기	3-101	플레이스틱 이어달리기	3-106	플레이스틱을 구해줘
3-97	플레이스틱 주고받기	3-102	플레이스틱 2인3각 릴레이	3-107	허수아비 얼음땡
3-98	플레이스틱 펜싱 놀이	3-103	H 릴레이		
3-99	외나무다리 가위 바위 보	3-104	플레이스틱 콩콩 릴레이		

3) 풍선공

번호	놀이제목	번호	놀이제목	번호	놀이제목
1-33	젓가락 굴렁쇠	1-36	교실 탁구	3-2	민첩성 놀이 Ⅱ
1-34	협동풍선 튕기기	1-37	풍선 얼티미트	3-42	통통 릴레이

4) 리액션볼

번호	놀이제목	번호	놀이제목	번호	놀이제목
3-108	리액션볼 잡기	3-109	리액션볼 왼쪽 오른쪽		

5) 훌라후프

번호	놀이제목	번호	놀이제목	번호	놀이제목
1-27	손가락 훌라후프 추격전	3-15	훌라후프 파도타기	3-49	훌라후프 빙고놀이
2-28	훌라후프 탑쌓기	3-29	훌라후프 개구리 뛰기	3-67	후프 5홀
2-30	2진법점프놀이	3-44	지구를 굴려라		

6) 플라잉디스크

번호	놀이제목	번호	놀이제목	번호	놀이제목
1-47	교실 칸잼	5-4	플라잉디스크 피구	5-8	플라잉디스크 윷놀이
5-1	플라잉디스크 준비운동	5-5	플라잉디스크 사거리	5-9	플라잉디스크 골프
5-2	플라잉디스크 떡배달놀이	5-6	플라잉디스크 얼티미트		
5-3	플라잉디스크 패스릴레이	5-7	플라잉디스크 성 무너뜨리기		

7) 안대

번호	놀이제목	번호	놀이제목	번호	놀이제목
1-30	좀비 술래잡기	1-32	탁구공 술래잡기	1-59	어둠의 펜싱
3-65	몬스터를 피해라				

8) 탁구공

번호	놀이제목	번호	놀이제목	번호	놀이제목
1-32	탁구공 술래잡기	1-36	교실 탁구	2-21	탁구공 전개도
1-35	교실 풍선 탁구	1-61	교실 올림픽 Ⅱ	2-26	통통 한글 탁구공

9) 점보스택스

번호	놀이제목	번호	놀이제목	번호	놀이제목
1-46	탱탱텐	2-7	쌓은 모양은 뭐지	3-48	점보 스택스 릴레이

10) 주사위

번호	놀이제목	번호	놀이제목	번호	놀이제목
2-20	주사위전개도	2-24	변신 주사위 놀이	3-41	주사위 달리기

11) 스카프

번호	놀이제목	번호	놀이제목	번호	놀이제목
3-7	협동 스카프 잡기놀이	3-8	스카프 저글링 릴레이	3-9	스카프를 지켜라

12) 점프트위스트

번호	놀이제목	번호	놀이제목	번호	놀이제목
3-14	점프 트위스트				

13) 줄넘기

번호	놀이제목	번호	놀이제목	번호	놀이제목
2-8	꺾은선 그래프	3-22	징검다리 줄넘기	4-43	가위바위보 줄넘기

14) 짐볼

번호	놀이제목	번호	놀이제목	번호	놀이제목
5-13	짐볼 술래잡기	5-14	짐볼 협동피구	5-15	짐볼 볼링

5. 함께 즐기는 협동놀이

: 경쟁보다 협동하여 즐기는 놀이

번호	놀이제목	번호	놀이제목	번호	놀이제목
1-3	순서정렬놀이	1-34	협동 풍선 튕기기	3-39	하나되어 달리기
1-5	이야기 뻥튀기	1-45	의자 가가볼	3-43	깃발 빼기 달리기
1-6	틀린 그림 찾기	1-46	탱탱텐	3-6	판 뒤집기 놀이
1-7	범인은 누구인가요?	1-54	술래 노래방	3-7	협동 스카프 잡기놀이
1-8	진실 혹은 거짓	1-55	동물원 놀이	3-15	훌라후프 파도타기
1-9	너의 등 뒤에서	1-57	텔레스트레이션	3-19	모둠 저글링
1-10	엉킨 손 풀기	1-58	절대음감	3-27	멀리뛰기 릴레이
1-11	나를 소개합니다	1-60	교실 올림픽 Ⅰ	3-28	원마커 개구리 뛰기
1-14	일심동체	1-61	교실 올림픽 Ⅱ	3-69	창 이어 던지기
1-15	주제어말하기	1-62	교실 올림픽 Ⅲ	3-72	낙하산 탱탱볼
1-17	지뢰를 피해 건너라	2-4	평화와 통일	3-81	한 마음 프리드로우
1-19	협동실내화벗기	2-24	협동 균형 잡기	3-97	플레이스틱 주고받기
1-20	협동 종이컵 탑 쌓기	2-29	2진법 점프놀이	3-100	갈대를 세워라
1-21	우리는 플라밍고	2-31	오렌지게임	4-22	협동도형놀이
1-22	우리함께 업 다운	3-29	훌라후프 개구리 뛰기		

30

Part 1
교실놀이

1-1 초성 놀이

준비물 : 없음

적용학년 : 저 중 고

주어진 초성에 맞는 단어를 말하며 엄지손가락을 잡는 놀이입니다.

놀이방법

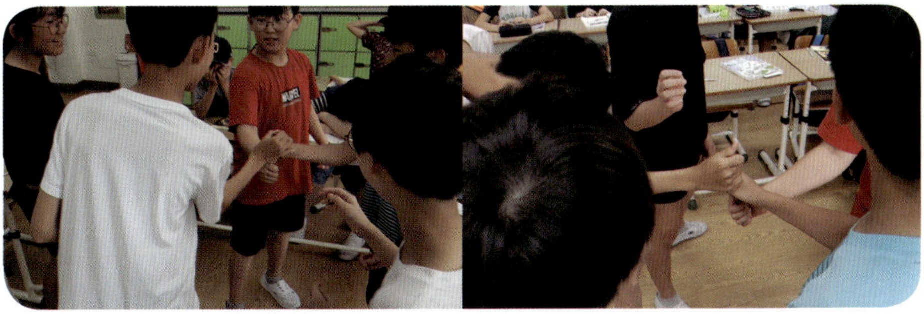

1) 둥글게 원을 만든 상태에서 술래를 정합니다.
2) 술래는 초성 두 개를 제시하면서 엄지 손가락을 내밉니다.
3) 술래를 제외한 나머지 친구들은 초성이 들어간 단어를 말하며 엄지손가락을빠르게 잡습니다.
4) 예를 들어 술래가 'ㄱㅇ'이라 외치면, 다른 친구들은 '가위', '거인', '거위'등과 같은 단어를 말하고 빠르게 엄지 손가락을 잡습니다.
5) 가장 마지막에 단어를 말하고 엄지 손가락을 잡은 친구가 다음 술래가 되고 나머지 친구들은 1점을 얻습니다.
6) 같은 방법으로 계속 진행하고 정해진 시간동안 가장 많은 점수를 받은 친구가 승리합니다.

TIP

저학년의 경우 초성 하나를 제시하고 그 초성으로 시작하는 단어를 말하는 것으로 할 수 있습니다.

1-2 사전 의미 찾기

준비물 : 국어사전, 골든벨 판

적용학년 : 저 중 고

출제자가 제시한 단어의 사전적 의미를 생각해보고 맞추는 놀이입니다.

놀이방법

1) 모둠별로 1명의 출제자를 선발합니다.
2) 첫 번째 모둠의 출제자부터 앞에 나와 국어사전에서 단어 하나를 고릅니다.
3) 예를 들어 '협동'이라는 단어를 제시하면 각 모둠에서는 서로 토의한 후, 유추한 단어의 의미를 적어서 제출합니다.
4) 제출자는 각 모둠에서 제출한 의미들과 실제 사전의 의미들을 모아 객관식 문제를 만듭니다.
5) 모둠별로 골든벨 판에 정답을 적어 들어 올린 후, 실제 사전의 의미를 맞춘 모둠이 10점을 얻습니다.

TIP
시작 전 '사전 빨리 찾기 놀이'를 통해 사전에 대해 익숙해 진 후 사전적 의미에 대해 학습하도록 합니다.

1-3 순서 정렬 놀이

준비물 : 없음

적용학년 : 저 중 고

선생님이 제시한 주제에 따라 순서대로 줄을 서서 정렬하는 놀이입니다.

놀이방법

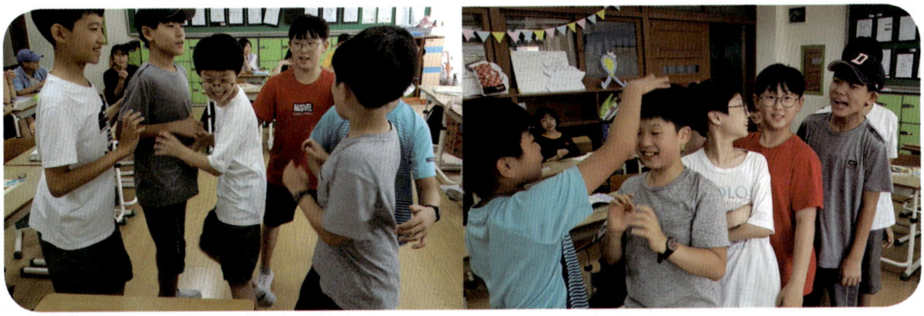

1) 모둠별로 줄을 섭니다.
2) 선생님이 제시한 주제(예, 생일 순, 이름순 등)에 따라 서로 대화하며 순서에 맞게 줄을 섭니다.
3) 주제에 맞게 모두 줄을 선 모둠은 '미션 클리어'를 외칩니다.
4) 선생님은 줄을 맞게 서있는지 확인 후 '성공' 또는 '실패'를 외칩니다.
5) 가장 빨리 성공한 모둠이 승리합니다.

TIP

- 몸무게, 키 등 예민한 주제는 피합니다.
- 반 전체 아이들이 협동하며 하나의 주제에 맞게 순서대로 줄을 서는 놀이를 통해 협동을 배울 수 있도록 합니다.

1-4 사자성어 놀이

준비물 : 국어사전, 종이(모둠별)   적용학년 : 저 중 **고**

사자성어 놀이를 통해 학생들의 사고력과 어휘력을 키우는 놀이입니다.

놀이방법

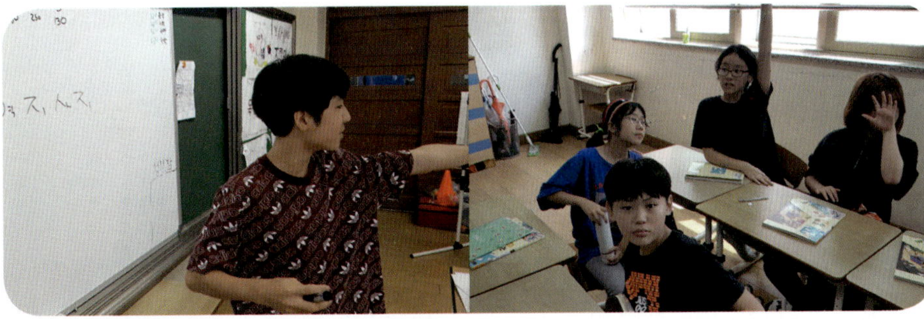

1) 모둠별로 모여 앉은 후, 사자성어 2개를 각각의 종이에 적어 제출합니다.
2) 상대모둠의 사자성어의 자음(초성)을 하나 부릅니다.
3) 자음을 맞추게 되면 한 번 더 자음을 부를 수 있는 기회가 생기며, 자음을 맞추지 못하면 상대모둠에게 기회가 넘어갑니다.
4) 4개의 자음을 모두 맞추면 40점, 사자성어를 맞추면 10점, 사자성어의 뜻을 맞추면 보너스 10점을 얻게 됩니다.

TIP

- 저학년의 경우 간단히 두 글자나 세 글자 단어로 진행합니다.
- 쌍자음(예, 'ㄲ')이 나올 경우 'ㄱ'만 말해도 인정해줍니다. 즉 쌍자음은 단자음과 같은 것으로 생각합니다.

1-5 이야기 뻥튀기

준비물 : 없음

적용학년 : 저 중 고

앞사람의 말에 단어나 문장을 덧붙여 이야기를 만드는 놀이입니다.

놀이방법

1) 모둠별로 한 줄을 만들어 앉습니다.
2) 맨 뒤에 앉은 친구가 "앞 친구에게 들은 소문"이라고 하며 간단한 문장 하나를(예: 옛날 옛날에 떡 만드는 어머니가 있었는데...) 전달합니다.
3) 앞 친구는 그 소문에 내용을 덧붙여 앞 친구에게 전달합니다.
4) 맨 마지막 친구까지 소문이 덧붙여져서 전달합니다.
5) 마지막 친구는 앞에 나와 소문에 대해 재미있는 활동과 같이 발표합니다. 이때 모둠 친구들이 배우가 되어 연극을 하듯이 진행합니다.

TIP

활동 전 국어시간이나 온책읽기 활동을 통해 내용을 살펴보거나 배운 내용으로 이야기를 전개하도록 합니다.

1-6 틀린 그림 찾기

준비물 : 없음

적용학년 : 저 중 고

처음 모습을 보여주고 그 다음 바뀐 모습을 보여주면 다른 친구들이 바뀐 모습을 찾는 놀이입니다.

놀 이 방 법

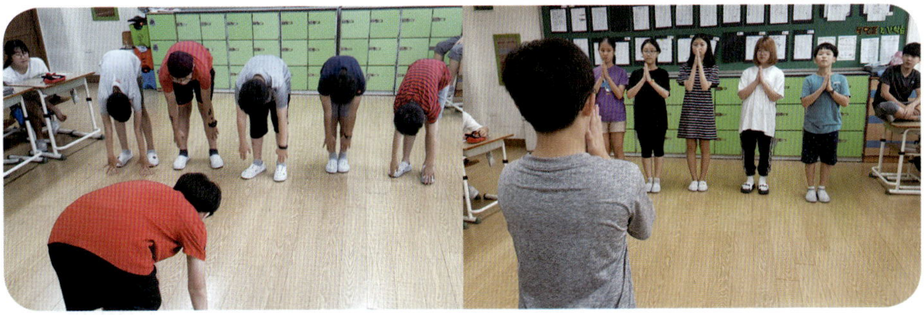

1) 모둠에서 틀린 그림 역할을 할 술래를 정합니다.
2) 술래는 한 가지 동작을 취한 후 나머지 모둠원에게 관찰할 시간을 1분 정도 줍니다.
3) 1분 뒤, 친구들은 눈을 감고 술래는 30초 동안 3곳을 바꿉니다.
4) '시작' 신호와 함께 친구들은 눈을 뜨고 달라진 3곳을 찾습니다.
5) 달라진 부분을 찾을 때마다 1점씩 얻고, 다 찾으면 술래의 역할을 교대합니다.
6) 가장 많은 점수를 얻은 친구가 승리합니다.

TIP

- 한 모둠이 바뀌기 전 모습을 앞에서 보여주고, 복도에 나가 바꾼 후 다시 들어와서 달라진 부분을 찾는 형태로 진행할 수 있습니다.
- 전체 학생을 대상으로 한 모둠씩 틀린 그림 역할을 하여 진행할 수도 있습니다.

1-7 범인은 누구인가요?

준비물 : 종이, 연필

적용학년 : 저 중 고

앞에 있는 친구가 설명하는 것을 듣고 그림으로 표현하는 놀이입니다.

놀이방법

1) 각 모둠별로 증인을 정합니다. 선생님은 증인에게 범인의 모습을 보여 줍니다.
2) 증인은 각 모둠으로 돌아가 범인의 모습을 설명합니다.
3) 모둠은 범인의 모습을 그림으로 그립니다.
4) 가장 비슷하게 그린 모둠이 승리합니다.

TIP

온책읽기를 통해 인물이나 배경에 대해 그림으로 표현하고 놀이로 즐길 수 있습니다.

1-8 진실 혹은 거짓

준비물 : 없음

적용학년 : 저 중 고

자신을 설명하는 3개의 문장 중 거짓말을 찾아내는 놀이입니다.

놀이방법

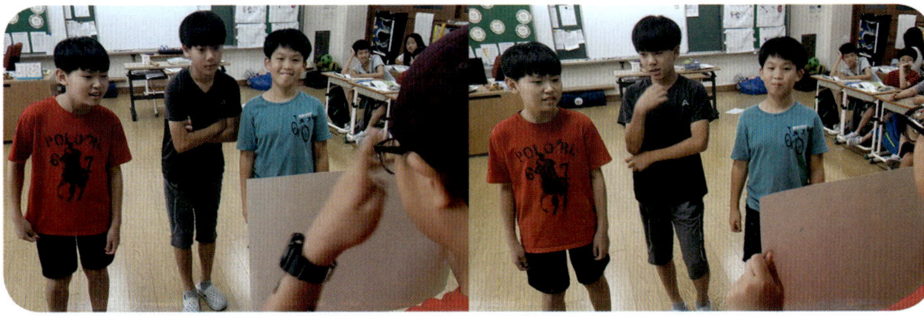

1) 모둠 활동으로 각자 자기에 대한 문장 3개를 종이에 씁니다. 이때, 진실 2개와 거짓 1개를 적습니다.
2) 차례대로 자기 문장을 읽고 다른 친구들은 그 중에 거짓말 문장을 찾아냅니다.
3) 거짓말을 찾아내면 1점씩 얻습니다.
4) 같은 방법으로 경기를 진행하고 가장 많은 점수를 얻은 친구가 승리합니다.

TIP

- 모둠끼리 서로 문제를 내는 방식으로 진행할 수 있습니다.
- 공부시간에 배운 내용을 활용하여 학습 내용 복습으로 활용할 수 있습니다.

1-9 너의 등 뒤에서

준비물 : A4 용지, 연필

적용학년 : 저 중 고

상대방의 등에 붙어있는 종이에 칭찬의 말을 써주는 놀이입니다.

놀 이 방 법

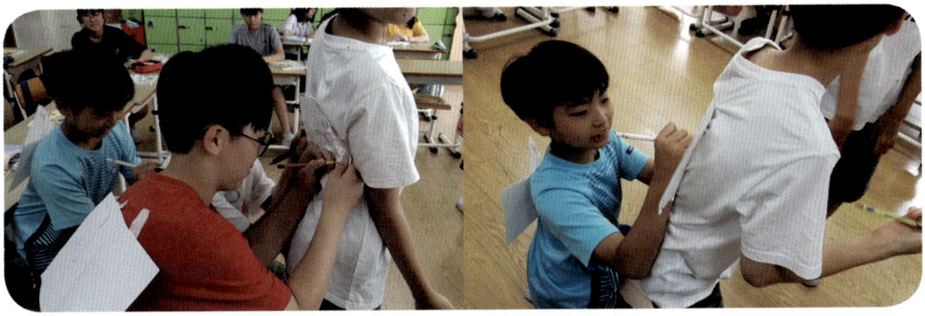

1) 학생들의 등에 A4 용지를 한 장씩 붙여줍니다.
2) 선생님은 음악을 틀어주고 학생들은 노래를 따라 부르거나 들으면서 다른 친구의 등으로 다가갑니다.
3) 친구의 등에 붙어 있는 종이에 칭찬의 말을 적어줍니다.
4) 정해진 시간동안 많은 친구의 등에 칭찬의 말을 적어줍니다.
5) 활동이 끝난 후 친구가 적어준 칭찬의 말을 발표하도록 합니다.

TIP
칭찬 왕을 선정하면 학생들이 더욱 열심히 참여합니다.

1-10 엉킨 손 풀기

준비물 : 없음

적용학년 : 저 중 고

손을 엉켜 잡고 다양한 방법을 이용하여 엉킨 손을 푸는 놀이입니다.

놀이방법

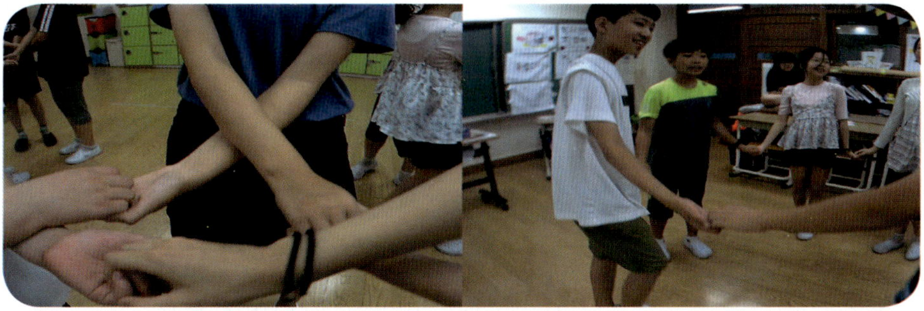

1) 3명이 마주보고 서서 오른손이 왼손 위로 가도록 하여 엇갈려 잡습니다.
2) 교사의 신호와 함께 엇갈린 손을 풀어서 서로 마주보고 강강술래 형태로 섭니다. 이때 손은 절대 놓지 않습니다.
3) 3명에서 시작하여 6명, 12명으로 늘려가며 최종적으로 학급 전체가 원을 만들고 엇갈린 손을 풀어 보도록 합니다.

TIP
선생님이 해결방법을 알려주지 말고 학생들이 스스로 찾아서 해결하도록 합니다.

1-11 나를 소개합니다

준비물 : 없음

적용학년 : 저 중 고

이름과 취미를 움직임으로 표현하면 친구들이 따라하는 놀이입니다.

놀이방법

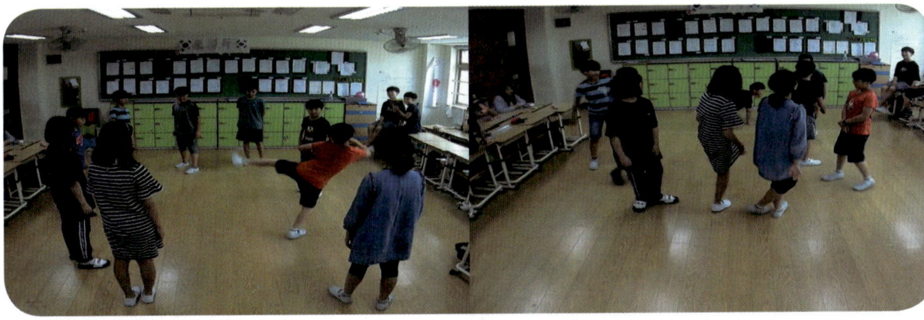

1) 원을 그리고 선 다음 각자 한 개의 취미를 정하도록 합니다.
2) 첫 번째 친구가 이름과 취미를 움직임으로 표현하면 나머지 친구들이 움직임을 똑같이 따라합니다. (예를 들어 "축구하는 홍길동"이라 외치고 패스하고 슛하는 동작을 합니다.)
3) 한 명씩 돌아가며 이름과 취미를 표현하고 따라합니다.
4) 활동을 통하여 친구들의 이름과 취미를 알아보는 시간을 갖습니다.

TIP

- '시장에 가면' 놀이와 같이 앞에 한 친구들의 동작들을 외워서 순서대로 이어가며 놀이를 진행 할 수 있습니다.
- 움직임이 크고 익살스럽게 할 수 있도록 지도합니다.

1-12 전기 놀이

준비물 : 없음

적용학년 : 저 중 고

둥글게 앉아서 서로 손을 잡고 꾹꾹 눌러 전기를 전달하는 놀이입니다.

놀이 방법

1) 의자를 둥글게 놓고 선생님과 학생이 서로 손을 잡고 앉습니다.
2) 술래가 옆에 앉은 학생의 손을 꾹 잡고 누르면 잡힌 아이는 릴레이로 다음 사람의 손을 꾹 잡습니다.
3) 이렇게 전기가 통하며 다시 술래까지 돌아오면 '전기가 통했다'라고 외칩니다.
4) 이때 전기가 돌아오는 시간을 스톱워치로 측정합니다.

TIP

학생들이 모르게 술래를 선생님이 정해주고 술래는 양손으로 전기를 통하게 하여 전기를 흐르도록 합니다. 학생들은 서로 눈치를 보며 술래를 찾는 놀이로 변형할 수 있습니다. 이때 손이 보이지 않도록 등 뒤에서 손을 잡고 진행합니다.

1-13 탐지기 박수

준비물 : 숨길 물건

적용학년 : 저 중 고

물건을 책상 서랍에 숨겨두고 술래는 학생들의 박수 소리의 크기에 따라 어디에 숨겨져 있는지 찾는 놀이입니다.

놀 이 방 법

1) 술래를 정하고 술래는 잠시 교실 밖으로 나가 있도록 합니다.
2) 책상 서랍에 숨길 물건(예시 분필 지우개 등)을 넣습니다.
3) 술래가 들어오면 학생들은 숨긴 곳에 술래가 가까이 갈수록 박수를 크게 칩니다.
4) 숨긴 곳에서 술래가 멀어지면 박수를 작게 칩니다.
5) 술래는 박수 소리를 듣고 물건이 어디에 숨어있는지 찾아냅니다.

TIP

음악시간에 박수의 크기 즉 크레센도(crescendo: 점점 세게)와 데크레센도(decrescendo:점점 여리게)의 개념을 익히도록 합니다.

1-14 일심동체

준비물 : 골든벨 판, 마카

적용학년 : 저 중 고

선생님이 제시한 질문에 모든 모둠이 모두 같은 답을 제시하는 일심동체 놀이입니다.

놀이 방법

1) 선생님이 먼저 학생들에게 질문을 합니다. 예를 들어 “우리 반 친구들이 가장 좋아하는 체육게임은?”이라고 질문합니다.
2) 모둠별로 10초 토의 후 골든벨 판에 적습니다.
3) 선생님이 ‘판을 들어주세요.’라고 말하면 동시에 판을 들어 올립니다.
4) 모둠 친구들이 같은 답을 적으면 전체 점수를 10점 얻고, 절반 이상 같은 답인 모둠은 5점을 얻습니다.

TIP

보다 즐겁게 참여할 수 있도록 단어가 아닌 행동으로 답을 표현하도록 할 수 있습니다.

1-15

주제어 말하기

준비물 : 없음

적용학년 : 저 중 고

제시된 주제와 관련된 단어를 모둠원 전체가 순서대로 빠르게 답하는 놀이입니다.

놀이방법

1) 선생님이 '주제어'를 전체학생에게 제시합니다.
2) 먼저 도전하고 싶은 모둠에서 손을 들고 '도전'을 외치고 앞에 나와 한 줄로 섭니다.
3) 첫 번째 친구가 정답을 말하고 나면 다음 친구는 3초안에 반드시 정답을 말해야 합니다. 말하지 못할 경우는 다른 모둠에게 기회가 넘어갑니다.
4) 예를 들어 '스포츠'라는 주제어를 주면, 첫 번째 친구는 '농구', 두 번째는 '배구', 세 번째는 '야구', 네 번째는 '테니스', 마지막은 '골프'와 같이 모두 3초 안에 정답을 말하면 점수를 얻습니다.
5) 가장 많은 도전에 성공한 모둠이 승리합니다.

TIP

- 교과학습시간에 배운 내용을 주제어로 활용하여 학습 내용 복습에 활용할 수 있습니다.
- 달의 이름(초승달, 상현달, 반달, 보름달, 하현달, 그믐달), 태양계 행성 이름 등 다양한 주제어를 제시할 수 있습니다.

1-16 안으로 밖으로

준비물 : 없음

적용학년 : 저 중 고

선생님의 구령에 맞게 말과 행동을 따라하는 놀이입니다.

놀이방법

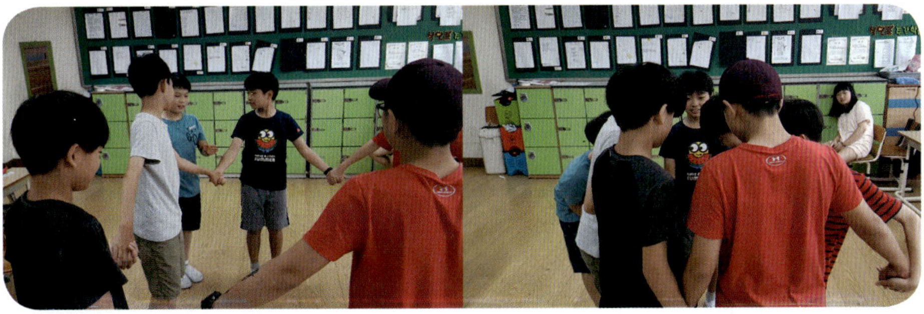

1) 둥글게 원을 만들어 손을 잡고 섭니다.
2) 1단계는 선생님이 "점프 인"하면 원 안으로 한 발짝 점프합니다.
3) "점프 아웃"이라고 하면 원 밖으로 한 발짝 점프하고, "점프 라이트(레프트)"하면 손을 잡고 오른쪽(왼쪽)으로 한 발짝 점프합니다.
4) 2단계는 선생님이 제시한 구령과 반대로 움직입니다. 예를 들어 "점프 인"하면 밖으로 한 발짝 점프합니다.

TIP

학생들이 익숙해지면 말은 반대로 하고 행동을 맞게 하도록 합니다. 예를 들어 선생님이 "점프 인" 하면, 학생들은 "점프 아웃"이라고 외치고 원 안으로 한 발짝 점프합니다.

1-17 지리를 피해 건너기

준비물 : 원마커

적용학년 : 저 중 고

원마커를 3*3(또는 4*4)로 놓고 지정된 지리 원마커를 피해 건너는 놀이입니다.

놀이방법

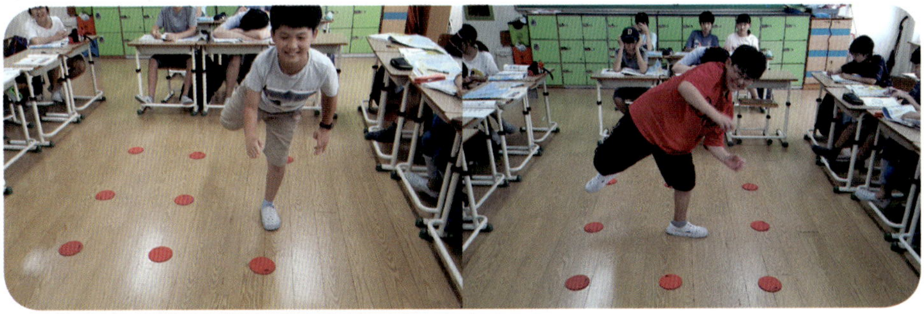

1) 원마커를 4*4로 놓고 아이들을 한 줄로 서도록 합니다.
2) 선생님은 원마커 중 지뢰 원마커를 먼저 정하고 학생들에게는 알려주지 않습니다.
3) 원마커는 좌·우로 한 칸 또는 위로 한 칸씩만 이동할 수 있습니다. 대각선으로는 움직일 수 없습니다.
4) 이때 지뢰 원마커를 밟으면 선생님은 "지뢰~ 지뢰~"를 외칩니다.
5) 지뢰를 밟은 학생은 줄의 맨 끝으로 가고 다음 주자가 이동합니다.
6) 지뢰 원마커를 잘 기억하며 모든 아이들은 통과하면 놀이는 끝이 납니다.

TIP

- 선생님은 미리 원마커 지뢰 정답지를 여러 개 만들어 놓습니다.
- 원마커는 한 칸을 건너뛰어 이동할 수 없습니다.

1-18 저승사자 놀이

준비물 : 없음

적용학년 : 저 중 고

원을 그리고 앉아서 눈을 감은 상태에서 술래(저승사자)가 친구들을 한 명씩 데려가 귀신으로 만들면 마지막 친구가 눈을 떠서 구해주는 놀이입니다.

놀이방법

1) 창문을 닫고 커튼을 친 후 어두운 분위기를 만들고 원을 그리고 앉습니다.
2) 술래(저승사자)를 한명 정한 후 원 밖에 서고, 나머지 친구들은 모두 눈을 감고 고개를 숙이고 있습니다.
3) 술래(저승사자)는 원 바깥을 돌며 엎드려 있는 친구를 한 명 치면, 그 친구는 귀신이 되어 일어나 술래(저승사자)의 손을 잡고 따라갑니다.
4) 같은 방법으로 술래(저승사자)가 귀신들을 만들고, 서로 손을 잡고 따라 걷습니다.
5) 이 중 가장 마지막에 남은 사람이라 생각되면, 손을 들고 눈은 뜹니다. 이때, 자기 혼자 앉아있으면 모든 귀신들을 구해서 인간의 승리가 되고, 아니면 귀신이 됩니다.
6) 가장 마지막 친구가 남게 되면, 그 친구를 기준으로 원을 한 바퀴 돌아서 오면 귀신들의 승리가 되고, 마지막 친구가 손을 들고 눈을 뜨면 인간의 승리가 됩니다.

TIP 공포스러운 음악과 함께 비오는 날 진행하면 보다 효과적입니다.

1-19

협동 실내화 벗기

준비물 : 바구니

적용학년 : 저 중 고

원형 대형으로 누운 후 발을 중심에 오게하여 바구니를 들어 올린 후 바구니를 떨어트리지 않고 실내화를 벗는 놀이입니다.

놀 이 방 법

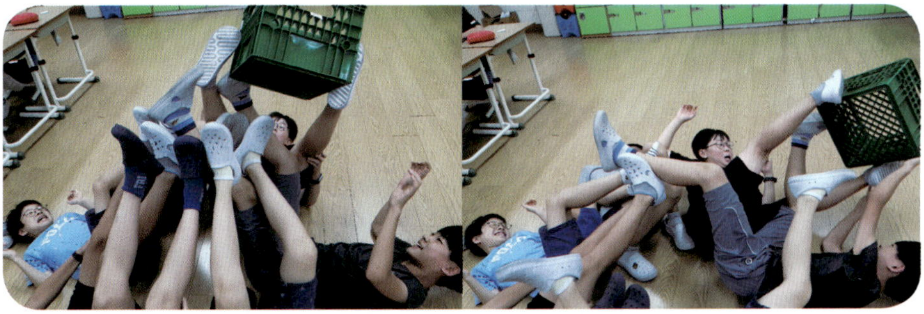

1) 각 모둠(6~8명)은 원형 대형으로 누워서 발로 바구니를 들어 올립니다.
2) 시작 신호와 함께 서로 발로 미는 힘을 이용하여 바구니를 떨어뜨리지 않고 실내화를 벗습니다. 이때 모두가 실내화를 벗지말고 1명씩 벗어야 가능합니다.
3) 바구니가 떨어지면 다시 처음부터 시작해야 합니다.
4) 모든 팀원들이 먼저 실내화를 다 벗으면 승리합니다.

TIP

- 학생들의 수준을 고려하여 우유 플라스틱통을 사용할 수 있습니다.
- 저학년의 경우 실내화를 벗을 때 손을 사용할 수 있도록 진행할 수 있습니다.

1-20 협동 종이컵 탑 쌓기

준비물 : 고무밴드, 줄, 종이컵 적용학년 : 저 중 고

고무밴드에 연결된 줄을 각자 하나씩 잡고 서로 힘을 조절하며 종이컵을 옮겨 쌓는 놀이입니다.

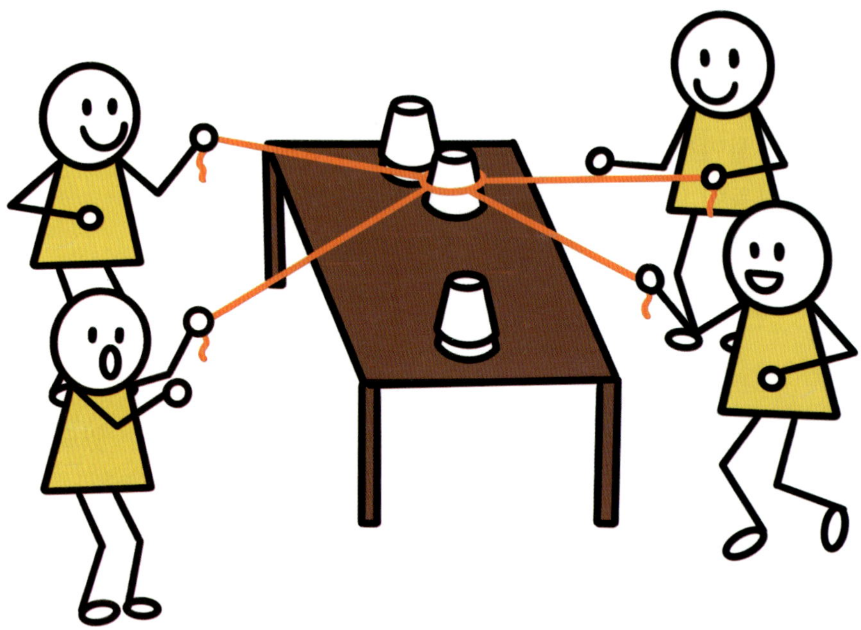

놀이방법

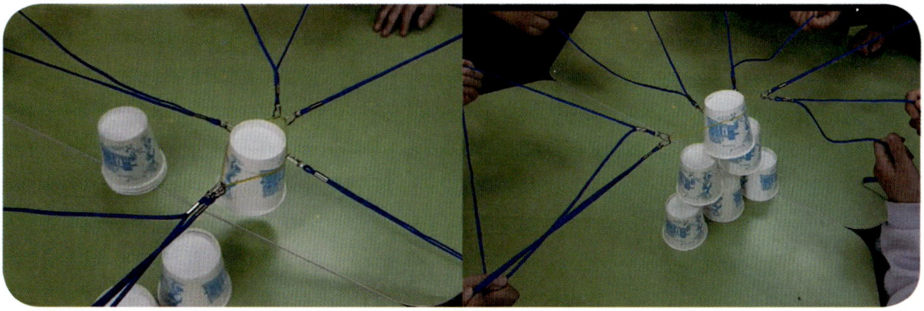

1) 고무 밴드에 줄을 연결하며 한 명이 하나의 줄을 잡습니다.
2) 각각의 줄을 잡아당겨 고무 밴드를 넓히거나 좁혀서 종이컵을 잡습니다.
3) 지정된 곳에 종이컵을 하나씩 쌓아 놓습니다.
4) 5개의 종이컵을 먼저 이동하여 쌓은 모둠이 승리합니다.

TIP 모두가 협력하고, 실패하더라도 서로 비난하지 않도록 지도합니다.

1-21 우리는 플라밍고

준비물 : 없음

적용학년 : 저 중 고

교사가 정해준 다리 수만큼 바닥에 닿은 신체 부위 수를 만드는 놀이입니다.

놀이방법

1) 모둠별 놀이로 각 모둠이 원을 그리고 섭니다.
2) 교사가 '○다리'라 외치면 그 수만큼 신체 부위를 바닥에 닿게 합니다.
3) 예를 들어 교사가 '5 다리'라고 외치면 모둠원들이 서로 업거나 기대는 등 다양한 방법으로 바닥에 다섯 부위만 닿게 하면 됩니다.
4) 모둠별로 놀이를 진행하며 점점 다리의 수를 줄이면서 진행한다.

TIP 안전매트를 설치 후 진행합니다.

1-22 우리함께 업! 다운!

준비물 : 없음

적용학년 : 저 중 고

손을 잡고 발을 마주 댄 상태에서 손을 당기면서 순간적으로 일어나고 앉는 놀이입니다.

놀이방법

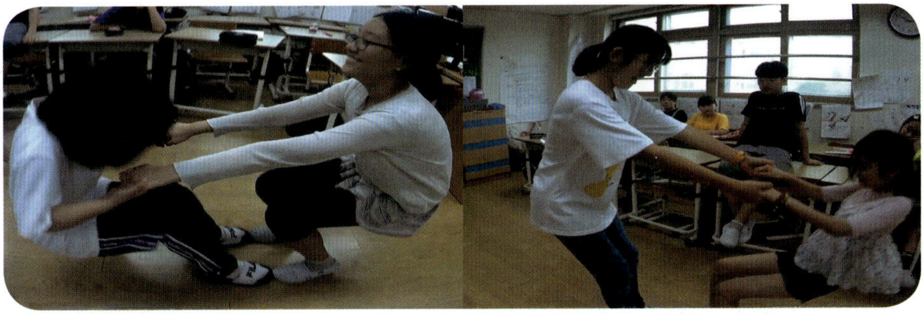

1) 짝 활동으로 짝과 양 손을 잡고 발끝을 마주 댄 상태에서 앉는다. 이때 무릎은 반 정도 구부려야 한다.
2) 선생님이 "우리함께"를 외치면 친구들은 "업"하고 외치며 두 손을 동시에 잡고 일어섭니다.
3) 그 상태에서 선생님이 "우리함께"를 외치면 친구들은 "다운"을 외치며 동시에 앉는다.
4) 짝 활동이 성공하면 3명, 4명 늘려가며 난이도를 높인다.

TIP

- 놀이 진행은 천천히 하여 학생들이 조급하게 하다가 다치지 않도록 주의합니다.
- 실패했을 경우 엉덩방아를 찧을 수 있으므로 안전 매트 위에서 놀이를 진행합니다.

1-23 한 발짝 가위바위보

준비물 : 없음

적용학년 : 저 중 고

가위 바위 보를 하며 한 발짝씩 이동하는 놀이입니다.

놀이방법

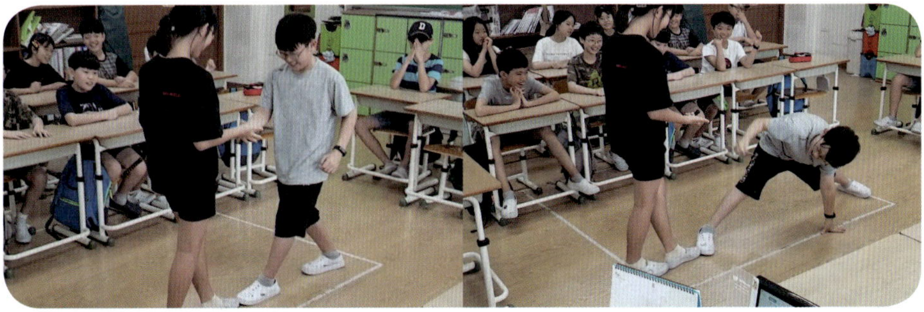

1) 두 명이 서로 발끝을 대고 섭니다.
2) 가위 바위 보를 하고 이긴 학생은 한 걸음 뒤로 이동하되 뒷발의 뒷꿈치에 앞발 앞꿈치를 대고 섭니다.
3) 진 학생은 앞발을 밀어서 앞 사람의 앞발 앞꿈치에 대고 섭니다.
4) 같은 방법으로 가위 바위 보를 반복하여 상대방이 더 이상 다리를 벌려서 갈 수 없거나 넘어져 손을 땅에 짚으면 승리합니다.

TIP

놀이 시작 전에 충분한 다리 스트레칭과 유연성 놀이를 통해 부상을 사전에 예방합니다.

1-24 가위바위보 진화 놀이

준비물 : 없음

적용학년 : 저 중 고

같은 단계의 친구들과 가위 바위 보를 해서 이기면 진화하고, 지면 첫 단계로 돌아가는 놀이입니다.

놀이방법

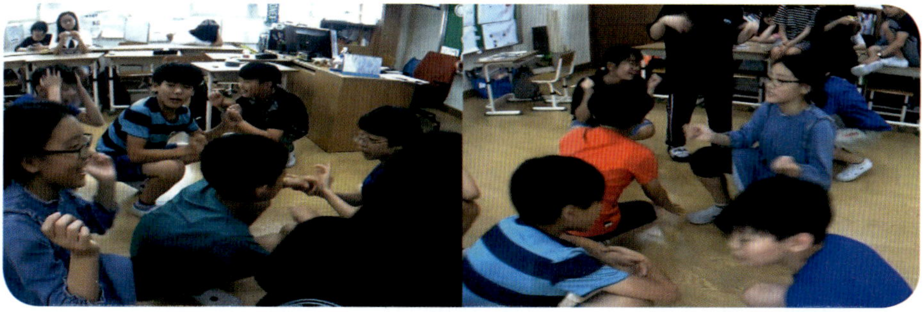

1) 5단계 진화단계에 따라, 같은 단계의 친구들끼리 가위 바위 보를 합니다.
2) 알에서 시작해서 가위 바위 보를 이기면 한단계 위로 올라가게 되고, 지면 무조건 다시 1단계(알)가 됩니다.

   1단계 : 알

   2단계 : 애벌레

   3단계 : 번데기

   4단계 : 나비

   5단계 : 천사
3) 각 단계에 어울리는 움직임 표현을 하며 이동합니다.
4) 5단계 천사가 되면 선생님과 가위 바위 보를 하여 이기면 신이 되어 선생님 역할(5단계 천사들과 가위 바위 보 해주기)이 되어 놀이가 진행됩니다.

TIP

학생 수에 따라 단계 수를 조정할 수 있으며, 진화 단계 이름을 학습적인 요소를 넣어서 변형 시킬 수 있습니다.

1-25 의자 바꾸기

준비물 : 의자

적용학년 : 저 중 고

의자를 두 줄로 마주보고 앉은 후 반대쪽으로 달려가 먼저 의자에 앉는 놀이입니다.

영역 : 건강 - 운동 체력

놀이방법

1) 두 팀으로 나눠서 마주보고 의자에 앉습니다.
2) '출발'신호와 함께 반대쪽으로 이동해서 빈 의자에 앉습니다.
3) '출발'을 한번 할 때 마다 양쪽의 의자를 하나씩 제거합니다.
4) 의자에 앉지 못한 친구는 경기장 밖으로 나가서 심판의 역할을 합니다.
5) 같은 방법으로 계속 진행한 후 마지막까지 남은 2명의 친구가 승리합니다.

TIP

- 의자에 앉기 위해 친구들을 밀치거나 손으로 의자를 잡아당겨서 친구가 넘어지지 않도록 주의합니다.
- 동시에 의자에 앉았을 때는 가위 바위 보로 결정합니다.
- 반대편으로 이동할 때 달려오는 친구를 조심해야 합니다.

1-26 협동 오리걸음

준비물 : 라인테이프, 의자

적용학년 : 저 중 고

다리를 벌려 앞사람의 허리를 잡고 밀착하여 앉아서 목표지점을 돌아오는 협동 릴레이 게임입니다.

영역 : 건강 - 운동 체력

놀이방법

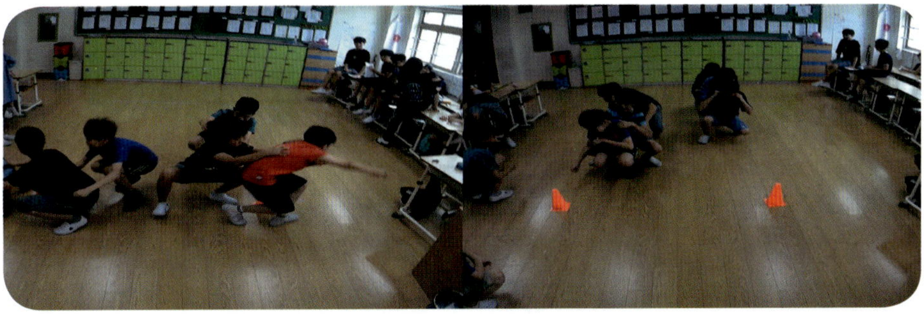

1) 출발선 앞으로 각 모둠원이 앞사람의 허리를 잡고 쪼그려 앉습니다.
2) 출발신호와 함께 앞사람 허리를 계속 잡고 협동하여 목표지점을 돌아 옵니다.
3) 앞사람과 떨어지거나 넘어지면 그 자리에서 다시 출발합니다.
4) 반환점을 돌아 먼저 출발선에 돌아온 모둠이 승리합니다.

TIP

시작 전 다리 스트레칭을 해서 부상을 방지합니다.

1-27 손가락 훌라후프 추격전

준비물 : 훌라후프, 접시콘

적용학년 : 저 중 고

모둠원들이 서로 협력하며 손가락으로 훌라후프를 들어 올린 후 상대 모둠을 잡는 달리기 게임입니다.

영역 : 도전 - 속도 도전 - 협동달리기

놀이방법

1) 사각형 경기장을 만들고 두 모둠이 경기장의 양쪽에 서서, 검지를 펴고 그 위에 훌라후프를 놓습니다.
2) 이때, 검지를 구부리거나 엄지로 감아쥐지 않도록 합니다.
3) 시작신호와 함께 훌라후프를 떨어뜨리지 않으면서 경기장을 반시계방향으로 달립니다.
4) 다른 모둠을 잡거나 다른 모둠이 훌라후프를 떨어뜨리면 승리합니다.

TIP

훌라후프가 없다면 빈박스나 교과서를 활용하여 진행할 수 있습니다.

1-28 한발 얼음땡

준비물 : 없음

적용학년 : 저 중 고

한발로 다니며 술래를 피해 도망가는 술래잡기 변형 게임입니다.

영역 : 경쟁 - 경쟁의 기초 - 태그형 게임

놀 이 방 법

1) 교실에서 모든 학생은 두 발로 서서 대기합니다.
2) 선생님의 시작 신호와 함께 술래는 두 발로 다니고, 나머지 학생들은 한 발로 술래를 피해 도망 다닙니다.
3) 술래가 잡으러 오면 “얼음”을 외치고 그 자리에 앉습니다.
4) 잡히지 않은 다른 친구가 “땡”하고 치면 얼음상태에서 풀려납니다.

TIP

- 안전구역을 만들어 힘들어하는 친구들이 피하고 쉴 수 있는 공간을 만들어 줍니다.
- 계속해서 한 발로 다니면 너무 힘들기 때문에 3발 이상은 발을 바꿔서 이동할 수 있도록 합니다.

1-29 한 걸음 술래잡기

준비물 : 원반

적용학년 : 저 중 고

한 걸음씩 움직여서 술래잡기하는 게임입니다.

영역 : 경쟁 - 경쟁의 기초 - 태그형 게임

놀이방법

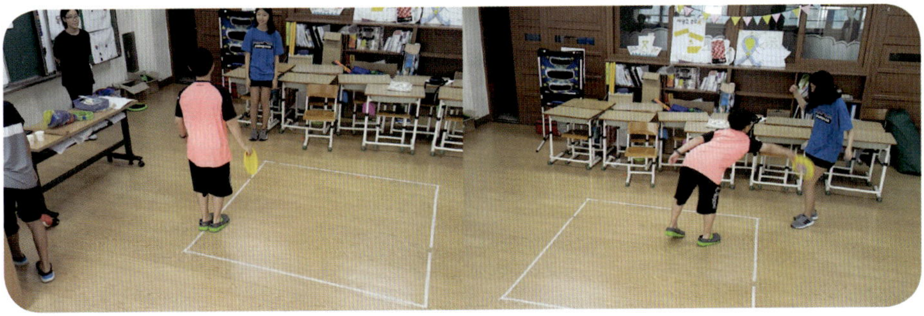

1) 술래를 정하고 술래는 원반을 가지고 있습니다.
2) 출발선에서 술래는 “한 걸음”이라 외치면 다른 친구들은 “한 걸음” 외치며 한 걸음을 먼저 술래로부터 도망칩니다.
3) 그 다음 술래는 한걸음을 뛰어서 다른 친구들을 원반으로 터치 합니다.
4) 정해진 시간동안 술래는 최대한 많은 친구들을 잡는 게임입니다.

TIP

- 학생 수에 따라 술래를 2명 또는 3명으로 변형할 수 있습니다.
- 한 걸음 술래잡기를 세 걸음 술래잡기로 변형하여 진행할 수 있습니다.

1-30 좀비술래잡기

준비물 : 안대

적용학년 : 저 중 고

술래는 안대를 착용하고 시민을 잡는 술래잡기 게임입니다.

영역 : 경쟁 - 피하기형게임 - 술래잡기

놀이방법

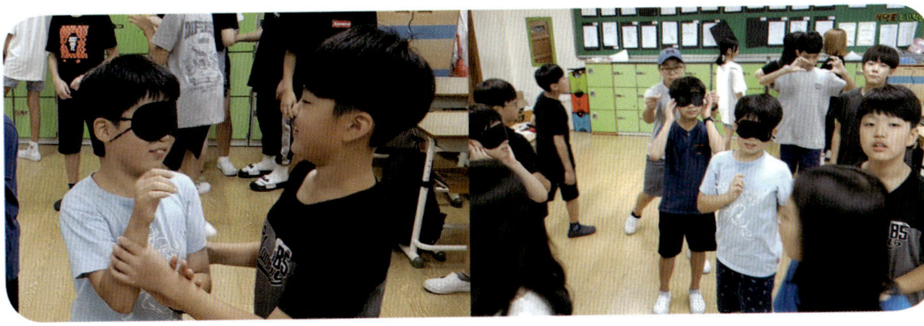

1) 술래를 3~5명 정하고 안대를 착용합니다.
2) 나머지 친구들은 시민이 되어 술래를 피해 도망 다닙니다.
3) 정해진 시간동안 술래는 많은 시민을 잡으러 다닙니다. 이때 좀비는 멈춰 서서 안대를 벗고 시민을 확인할 수 있는 시간을 1인당 1회 가질 수 있습니다.
4) 잡힌 친구들은 좀비에게 감염되어 감옥 영역으로 가서 대기합니다.

TIP

- 좀비끼리 서로 신체 접촉이 있을 수 있으므로 같은 성별끼리 좀비를 준비시킵니다.
- 처음에 좀비에게 감염된 학생 2명은 안전 요원의 역할을 수행합니다.

1-31 화석술래잡기

준비물 : 없음 적용학년 : 저 중 고

술래에게 잡히면 화석이 되어 그 자리에서 손만 움직여서 다른 친구들을 잡는 게임입니다.

영역 : 경쟁 - 경쟁의 기초 - 태그형 게임

놀이방법

1) 술래를 한 명 정합니다.
2) 시작신호와 함께 술래는 다른 친구들을 잡습니다.
3) 술래에게 잡힌 친구는 그 자리에서 화석이 되어 움직이지 못하고, 손만 움직여서 다른 친구들을 잡습니다.
4) 마지막까지 화석이 되지 않고 살아남은 친구가 승리합니다.

TIP

술래의 숫자와 게임장 크기를 조절하여 난이도를 조절할 수 있습니다.

1-32 탁구공 술래잡기

준비물 : 숟가락, 탁구공, 안대

적용학년 : 저 중 고

숟가락에 탁구공을 올려놓고 술래를 피해 다니는 게임입니다.

영역 : 경쟁 - 경쟁의 기초 - 태그형 게임

놀 이 방 법

1) 술래는 눈을 가리고 나머지 친구들은 숟가락에 탁구공을 올려놓습니다.
2) 시작신호와 함께 눈을 가린 술래는 친구들을 잡습니다.
3) 친구들은 정해진 영역 안에서 술래를 피해 도망 다닙니다.
4) 술래에게 잡히거나, 숟가락에서 탁구공이 떨어지면 탈락합니다.
5) 정해진 시간동안 살아남은 친구들이 승리합니다.

TIP

- 눈을 가린 술래가 벽이나 사물에 부딪치지 않도록 주의한다.
- 술래에 잡힌 친구들은 심판 역할을 할 수 있습니다.
- 경기장의 크기를 줄여서 난이도를 조절할 수 있습니다.

1-33 젓가락 굴렁쇠

준비물 : 나무젓가락, 풍선, 의자　적용학년 : 저 중 고

나무 젓가락을 이용하여 풍선을 굴려 돌아오는 게임입니다.

영역 : 경쟁 - 영역형 경쟁 - 하키형 게임

놀이방법

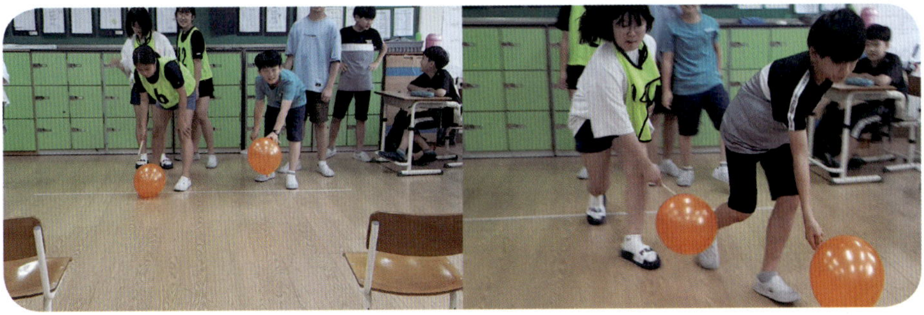

1) 모둠별로 출발선에 나무젓가락으로 풍선을 잡고 한 줄로 섭니다.
2) 시작 신호와 함께 첫 번째 주자가 나무젓가락으로 풍선을 굴리며 달려갑니다.
3) 반환점을 돌아 출발선에 오면 풍선을 다음 모둠원에게 전달합니다.
4) 같은 방식으로 반복하여 실시하고 마지막 친구가 먼저 돌아온 모둠이 승리합니다.

TIP

나무젓가락 이외에 다른 도구나 신체는 쓰지 않도록 규칙을 정합니다.

1-34 협동 풍선 튕기기

준비물 : 풍선

적용학년 : 저 중 고

모둠별로 풍선을 떨어뜨리지 않고 가장 오래 튕기는 모둠이 승리하는 게임입니다.

영역 : 건강 - 운동체력

놀이방법

1) 모둠별로 서로 손을 잡고 원을 만들고 섭니다.
2) 시작 신호와 함께 손으로 풍선을 띄운 후 여러 신체 부위를 사용하여 풍선을 튕깁니다.
3) 모둠 친구들끼리 잡은 손이 풀리거나, 풍선이 바닥에 떨어트리면 안 됩니다.
4) 가장 마지막까지 공을 떨어트리지 않는 모둠이 승리합니다.

TIP

- 처음엔 4명이 도전하다가 점점 인원수를 늘려서 진행합니다.
- 서로 협동하여 배려하는 마음으로 참여하는 것이 중요합니다.

1-35 교실 풍선 탁구

준비물 : 책상, 풍선, 부채(또는 교과서) 적용학년 : 저 중 고

풍선을 부채로 부쳐서 상대영역으로 보내는 게임입니다.

영역 : 경쟁 - 네트형 경쟁 - 탁구형 게임

놀이방법

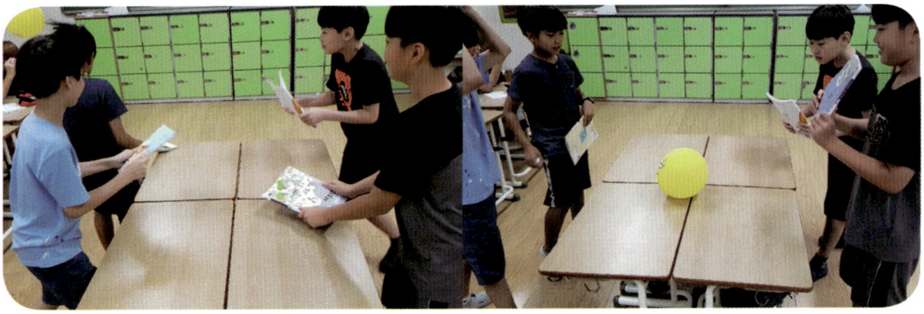

1) 책상을 붙여서 간이 탁구대를 만들고, 부채(또는 교과서)를 들고 섭니다.
2) 시작과 함께 선생님은 책상 중앙에 풍선을 놓습니다.
3) 각 모둠은 상대의 영역으로 풍선을 보내기 위해 부채로 부칩니다.
4) 풍선이 떨어지면 상대 모둠에 1점을 얻습니다.

TIP

짧은 시간에도 체력 소모가 크므로 1분 또는 2분의 경기 시간을 정해서 진행합니다.

1-36 교실 탁구

준비물 : 탱탱볼(풍선공), 간이네트 　 적용학년 : 저 중 고

책상과 의자를 탁구대처럼 만들어 진행하는 교실형 탁구 게임입니다.

영역 : 경쟁 - 네트형 경쟁 - 탁구형 게임

놀이방법

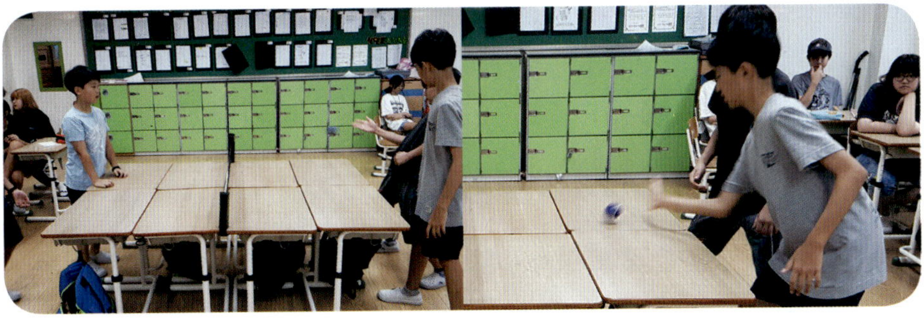

1) 책상을 가로 4개, 세로 2개 총 8개를 붙인 뒤 가운데에는 간이네트(또는 의자 활용)를 설치합니다.
2) 방식은 탁구와 같고 손바닥을 하늘로 향하여 공을 칩니다.
3) 복식으로 운영하고 서로 한 번씩 번갈아 가며 칩니다.
4) 정해진 시간동안 서로 주고 받으며 가장 많은 점수를 얻은 팀이 승리합니다.

TIP

- 손바닥을 아래로 향하여 공을 찍어 치지 않도록 지도합니다.
- 저학년은 큰 공을 사용하고 고학년으로 갈수록 공의 크기를 작게 합니다.

1-37 풍선 얼티미트

준비물 : 풍선(풍선공)

적용학년 : 저 중 고

풍선을 활용하여 플라잉 디스크의 얼티미트 경기를 교실에서 즐기는 게임입니다.

영역 : 경쟁 - 영역형 게임 - 플라잉디스크형 게임

놀이방법

1) 교실을 크게 4개 영역으로 나눕니다.
2) 각 영역에 팀별로 2명씩 앉도록 합니다.
3) 각 팀의 1명은 영역의 양 끝에서 풍선을 받는 역할을 합니다.
4) 풍선을 튕겨서 영역의 끝에 우리 팀원이 공을 받으면 1점을 얻습니다.
5) 정해진 시간동안 가장 많은 점수를 얻은 팀이 승리합니다.

TIP

- 손으로 풍선을 잡지 않고 튕기도록 지도합니다.
- 엉덩이가 떨어지면 반칙이 됩니다.
- 팔을 너무 크게 휘둘러 옆의 친구가 다치지 않도록 주의합니다.

1-38 택배 왔어요!

준비물 : 공

적용학년 : 저 중 고

서로 협력하여 공을 다리 사이에 끼우고 이동하여 전달하는 게임입니다

영역 : 도전 - 속도 도전 - 이어달리기
건강 - 건강체력

놀 이 방 법

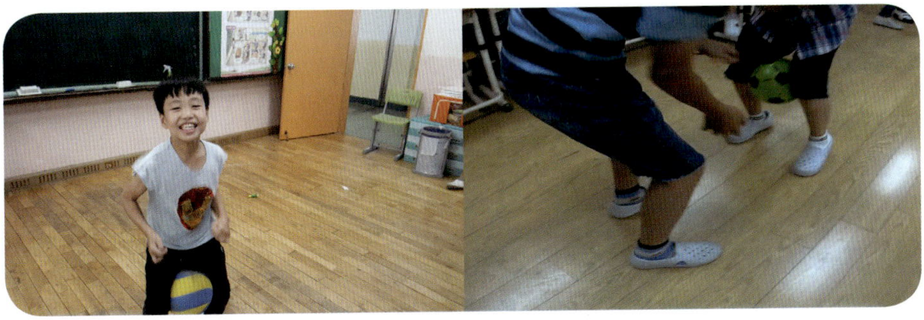

1) 학생들은 일정한 간격으로 모둠별로 섭니다.
2) 출발신호와 함께 무릎에 공을 끼우고 다음 친구가 있는 곳까지 떨어뜨리지 않고 이동합니다.
3) 친구에게 전달할 때는 손을 사용해도 되며, 이동 중 떨어뜨리면 처음 위치로 이동하여 다시 시작한다.
4) 마지막 친구가 공을 정해진 장소에 놓으면 승리한다.

TIP

허벅지, 발목사이 또는 짝 활동으로 두 명의 어깨 사이에 공을 위치시키며 난이도를 조절할 수 있다.

1-39 교실 컬링

준비물 : 다양한 공(배구공, 농구공, 테니스 공 등)

적용학년 : 저 중 고

동계올림픽의 종목 중 하나인 컬링을 간단하게 교실에서 즐기는 게임입니다.

영역 : 도전 - 표적/투기 도전 - 컬링 게임

놀이방법

1) 모둠을 나누고 1번부터 4번까지 번호를 정합니다.
2) 모둠이 번갈아가며 1번부터 공을 굴려서 원의 중심으로 보냅니다.
3) 4개의 공을 모두 굴려서 원의 중심에 가장 가까이 있는 공을 굴린 모둠이 이깁니다.
4) 이긴 모둠의 공 중 상대팀 공보다 중심에 가까운 공의 수만큼 점수를 얻습니다.
5) 4세트를 진행해서 점수를 많이 얻은 모둠이 승리합니다.

TIP

- 공 대신에 콩 주머니, 플라잉디스크, 칠판 지우개 등을 사용하여 게임을 진행할 수 있습니다.
- 공의 개수를 늘려서 게임을 진행할 수 있습니다.

1-40 발목을 맞춰라

준비물 : 점프트위스트

적용학년 : 저 중 고

술래가 점프트위스트로 친구들의 발을 터치하는 게임입니다.

영역 : 경쟁 - 피하기형 게임 - 술래잡기

놀 이 방 법

1) 의자로 경기장을 만들고 두 팀으로 나눕니다.
2) 공격 팀 중 술래 한 명은 점프트위스트를 끼고 준비합니다.
3) 수비팀은 경기장 안에 들어가섭니다.
4) 시작신호와 함께 술래는 점프트위스트로 친구들의 발목을 터치합니다.
5) 터치 된 친구들은 원 밖으로 나가서 대기합니다.
6) 정해진 시간동안 가장 많은 친구들이 살아남은 팀이 승리합니다.

TIP

- 놀이공간의 크기에 따라 인원수를 조절하여 안전사고에 대비합니다.
- 수비팀은 무리하게 뛰거나 점프하지 않도록 합니다.

1-41 교실 바운딩 피구

준비물 : 피구공

적용학년 : 저 중 고

공격팀이 의자에 앉아서 공을 튕겨 수비팀을 맞추는 변형 피구 게임입니다.

영역 : 경쟁 - 피하기형 게임 - 피구형 게임

놀 이 방 법

1) 의자를 둥글게 놓고 공격팀이 앉습니다.
2) 수비팀은 원 안으로 들어가서 섭니다.
3) 한 번 이상 패스를 실시하고 공을 바닥에 바운드 시킨 후 상대편을 맞춥니다.
4) 바운드 된 공에 맞은 친구들은 원 밖에서 대기합니다.
5) 다음의 경우엔 아웃된 친구들이 부활합니다.
   -패스 없이 바로 공격한 경우
   -공이 원형 의자 밖으로 빠져나간 경우
   -공을 직접 던져서 상대편을 맞춘 경우
   -3초 이내에 패스 또는 공격을 안 한 경우
   -그밖에 무리한 플레이로 선생님께 지적받은 경우
6) 정해진 시간동안 가장 많이 살아남은 팀이 승리합니다.

TIP

- 공을 너무 세게 던져서 다치지 않도록 주의합니다.
- 수비할 때 좁은 영역이므로 옆 친구와 부딪히지 않도록 유의합니다.

1-42 교실 피구

준비물 : 피구공

적용학년 : 저 중 고

공격은 앉아서 공을 굴리고, 수비는 서서 공을 피하는 변형 피구 게임입니다.

영역 : 경쟁 - 피하기형 경쟁 - 피구형 게임

놀이방법

1) 처음 공격할 술래 한명을 정한 후 원에 밖에 있고 나머지 친구들은 원 안에 섭니다.
2) 술래는 공을 손으로 굴려 원 안에 있는 친구들의 발을 맞춥니다. 이때 원 안에 있는 친구들은 발에 공이 맞지 않도록 피합니다.
3) 공에 맞은 친구는 원 밖에서 술래와 함께 친구들의 발을 맞춥니다.
4) 같은 방법으로 경기를 진행하고 마지막까지 살아남은 친구가 승리합니다.

TIP

- 앉아있는 원의 크기는 동일하게 합니다. 게임이 진행되다보면 원의 크기가 점점 줄어들 수 있으므로 주의합니다.
- 튀는 공에 발을 맞거나 종아리 부분에 공을 맞으면 아웃이 아닙니다.

1-43 교실 드리블

준비물 : 탱탱볼(피구공)

적용학년 : 저 중 고

책상위에서 손바닥으로 공의 아랫부분을 쳐서 드리블하며 즐기는 게임입니다.

영역 : 경쟁 - 영역형 게임 - 농구형 게임

교실놀이

놀이방법

1) 책상 6개를 붙이고 8명을 한 모둠으로 구성합니다.
2) 공을 1개씩 들고 시작신호와 함께 공의 아랫부분을 손바닥으로 칩니다.
3) 책상 위에서만 공이 한 번 바운딩 된 후 공에 가까이 있는 친구가 공을 칩니다.
4) 공이 두 번 이상 바운딩 되거나 책상에서 떨어지거나 손 이외의 신체에 닿으면 개수를 세지 않습니다.
5) 정해진 시간동안 가장 많이 드리블을 한 팀이 승리합니다.

TIP

- 팀의 한 두 명만 참여하지 않고 모두가 참여하도록 합니다.
- 한 학생이 연속해서 공을 치면 개수에 포함하지 않습니다.

1-44 교실 핸드볼

준비물 : 공, 책상, 의자

적용학년 : 저 중 고

신을 정하고 신의 활용도에 따라 핸드볼 경기를 교실에서 즐기는 놀이입니다.

영역 : 경쟁 – 영역형 게임 – 핸드볼형 게임

놀이방법

1) 사이드라인은 책상 5개로, 골대는 책상 3개와 의자 1개로 배치하고 골키퍼, 플레이어, 신의 영역으로 나눕니다.
2) 플레이어 영역은 학생 3명(책상 2칸), 2명(책상 1칸), 3명(책상 2칸)이 들어가 앉는다.
3) 공격은 골키퍼의 패스로 시작하며 플레이 영역에 한 칸씩 공을 던져서 패스를 해서 상대방 골대에 공을 넣습니다.
4) 골키퍼는 플레이 영역에 있는 팀원에게 패스할 수도 있고 신에게 패스할 수도 있습니다.
5) 플레이 영역의 선수들은 엉덩이를 움직일 수 없으나 골키퍼는 옆으로 눕거나 넘어지며 활동할 수 있습니다.

TIP

- 반칙이 발생하면 상대편 골키퍼부터 공격을 시작합니다.
- 자기 팀의 신을 최대한 활용하여 놀이를 합니다.

1-45 의자 가가볼

준비물 : 의자 피구공(짐볼)

적용학년 : 저 중 고

3번을 공을 튀겨 맞추는 변형 피구 게임입니다.

영역 : 경쟁 - 피하기형 경쟁 - 피구형 게임

놀이방법

1) 의자로 네모 또는 원을 만들어 모두 앉은 후 4명씩 안에 들어가 섭니다.
2) 선생님이 공을 가운데로 던지면 게임이 시작됩니다.
3) 공이 처음 튀어 오를 때 모두들 "가"라고 외치고, 두 번째 튈 때 "가", 세 번째 튈 때 "볼"이라고 외칩니다. 이때 누구라도 공을 손으로 칠 수 있습니다.
4) 손으로 친 공이 다른 친구의 무릎 아래에 맞으면 그 친구는 빈 의자에 앉아서 계속 경기를 진행합니다.
5) 마지막까지 남아있는 친구가 승리합니다.

TIP

- 한 친구가 연속해서 공을 계속 칠 수 없습니다.
- 손으로 잡거나 던지지 않도록 합니다.

1-46 탱탱텐

준비물 : 통(점보스택스), 공(티볼공 또는 탁구공)

적용학년 : 저 중 고

가운데 통(점보스택스)을 놓고 돌아가며 바닥에 공을 바운드시켜 통에 넣어 10점을 먼저 만드는 게임입니다.

영역 : 도전 - 표적활동 - 다트형 게임

놀이방법

1) 모둠원이 원 모양으로 둘러섭니다.
2) 가운데 통(점보스택스)을 놓고 돌아가며 바닥에 공을 바운드시켜 통에 넣습니다.
3) 한 번 바운드해서 들어갔을 경우 1점, 두 번 바운드해서 들어갔을 경우 2점으로 인정하여, 모둠의 점수가 정확히 10점을 만들어야 합니다.
4) 만약 9점일 경우, 1점을 만들어 10점으로 끝내야 합니다.

TIP

한 명이 돌아가면서 던지는 게임 후, 동시에 던지는 게임 형태로 바꾸어 진행할 수 있습니다.

1-47 교실 칸잼

준비물 : 플라잉디스크, 책상　　적용학년 : 저 중 고

'플라잉디스크'로 '칸잼 게임(Kan Jam game)'을 교실에서 책상을 이용해 쉽게 즐길 수 있는 게임입니다.

영역 : 도전 - 표적활동 - 플라잉디스크, 칸잼 게임

놀이방법

1) 두 팀으로 나눈 후 책상을 출발선에서 일정한 거리에 놓습니다.
2) 플라잉디스크를 던져서 책상을 맞히면 1점, 책상서랍 속으로 넣으면 2점, 책상 위에 안착시키면 5점을 얻습니다.
3) 이와 같은 방법으로 한 팀이 먼저 21점이 되면 1세트가 끝납니다.
4) 3세트를 실시해서 세트 점수를 많이 얻은 팀이 승리합니다.

TIP 안전한 폼 재질의 디스크를 사용합니다.

1-48 둥지 밖으로

준비물 : 줄

적용학년 : 저 중 고

줄로 고리를 만들어 서로 발끝에 걸친 상태에서 당기면서 게임입니다.

영역 : 도전 - 표적/투기 도전 - 씨름

놀이방법

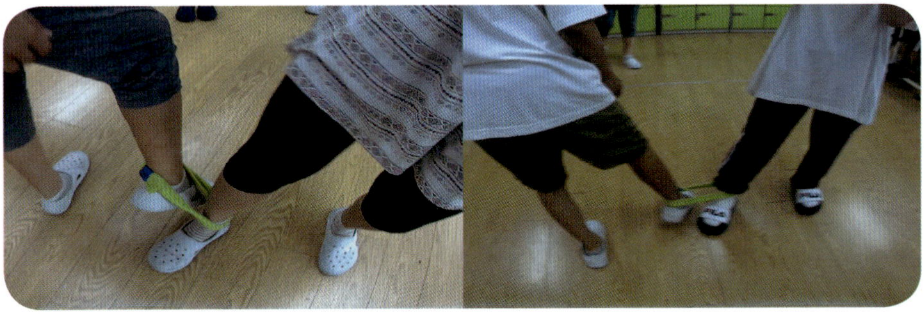

1) 서로 마주보고 한 발을 올린 후 줄고리를 연결합니다.
2) 시작 신호와 함께 발을 움직여 줄고리를 당기거나 느슨하게 합니다.
3) 상대친구의 발에서 고리가 빠지거나 올린 발이 바닥에 닿거나 지지하는 발이 움직이면 승리합니다.

TIP

줄의 길이를 조절하여 난이도를 조절할 수 있습니다.

1-49 줄 씨름

준비물 : 굵은 줄

적용학년 : 저 중 고

2명이 줄을 허리에 감고 겨루는 변형 씨름 게임입니다.

영역 : 도전 - 표적/투기 도전 - 씨름

놀이방법

1) 2명이 마주보고 줄 끝을 오른 손으로 잡은 상태에서 허리에 감은 후 왼 손도 줄을 잡는다.
2) 시작 신호와 함께 줄을 당기거나 풀면서 균형을 잡는다.
3) 이때 고정된 발이 땅에서 떨어지거나 움직이면 점수를 잃습니다.
4) 서 있는 위치를 바꿔가며 같은 방법으로 3판 2선승제로 게임을 합니다.

TIP

안전을 위하여 바닥에는 안전매트를 설치하고, 장갑을 착용할 수 있습니다.

1-50 나는야 팔 천하장사

준비물 : 없음

적용학년 : 저 중 고

팔의 힘만으로 몸을 오랫동안 지탱하는 게임입니다.

영역 : 건강 - 건강 체력

놀이방법

1) 양 팔을 벌리고 그 사이에 양 팔을 넣어 손바닥을 바닥에 댑니다.
2) 시작 신호와 함께 팔꿈치를 펴서 그 위에 다리를 걸쳐 발바닥을 바닥에서 뗍니다.
3) 손바닥과 정강이로 균형의 잘 유지하며 가장 오래하는 팔 천하장사를 뽑습니다.

TIP

모둠별로 한 명씩 해보는 릴레이 경기를 하며 가장 오랜 시간을 버티는 모둠이 이기는 놀이로 할 수도 있습니다.

1-51 씨름 술래잡기

준비물 : 라인테이프

적용학년 : 저 중 고

술래는 경기장 밖에서 터치를 하고, 나머지 학생들은 사각형 안에 들어가 서로 밀어내는 게임입니다.

영역 : 경쟁 - 경쟁의 기초 - 태그형 게임
도전 - 표적/투기 도전 - 씨름

놀이방법

1) 각 모둠에서 한 명씩 사각형 안으로 들어가서 서로 등을 대고 섭니다.
2) 모둠의 다른 한 명은 사각형 밖에 서서 대기합니다.
3) 시작신호와 함께 사각형 안에 있는 친구들은 등으로 상대 모둠원을 밀어내고, 사각형 밖의 모둠원은 상대방의 모둠원을 손으로 칩니다.
4) 사각형 안의 상대팀 친구를 터치 하거나 사각형 밖으로 밀어내게 되면 승리합니다.

TIP

- 사각형, 삼각형, 원 등 다양한 모양으로 경기장을 구성합니다.
- 경기장 안에서 상대방을 밀어낼 때는 팔을 사용하지 않습니다.

1-52 엎드려 손바닥 치기

준비물 : 없음

적용학년 : 저 중 고

엎드린 상태에서 손으로 상대방의 손등을 터치하는 게임입니다.

영역 : 도전 - 표적/투기 도전 - 씨름
건강 - 건강 체력

놀이방법

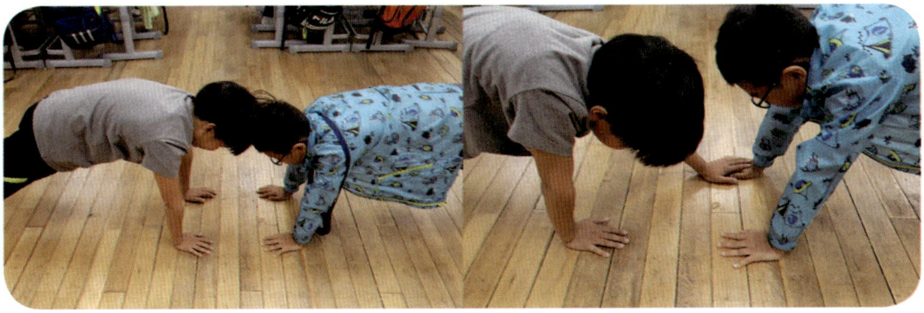

1) 2명이 마주보고 무릎을 대고 엎드립니다.
2) 시작신호와 함께 엎드린 상태에서 이동하며 상대방의 손등을 태그하면 점수를 얻습니다.
3) 이때 두 손이 모두 바닥에서 떨어지면 안됩니다.

TIP

전체 활동 시 한 번 태그한 친구와는 다시 할 수 없다는 규칙을 정하면 다른 친구들을 찾아 이동하기 위해 보다 많은 움직임활동이 이루어집니다.

1-53 보안 레이저 피하기

준비물 : 줄넘기 또는 긴 줄, 빠르기가 다른 음악

적용학년 : 저 중 고

가로와 세로 2개의 줄을 피해 움직이는 게임입니다.

영역 : 건강 - 건강 체력

놀이방법

1) 모둠원 4명은 '+'자로 줄을 잡고, 상대 모둠원들은 게임장 안에 들어가 섭니다.
2) 음악의 박자에 맞춰 줄을 이동하고 게임장 안의 학생들은 줄에 걸리지 않게 피해 다닙니다.
3) 이때 줄의 높이는 끝 모서리에서만 바꿀 수 있습니다.
4) 줄에 걸리면 게임장 밖으로 나오며, 모둠원이 모두 줄에 걸리면 모둠을 바꾸어서 게임을 진행합니다.

TIP

- 줄을 이동하는 학생들이 이동하는 중간에 갑자기 높이를 바꾸지 않도록 합니다.
- 친구들이 줄에 걸려 넘어지지 않도록 지나치게 강한 힘으로 줄을 잡아 당기지 않습니다.

1-54 술래 노래방

준비물 : 노래

적용학년 : 저 중 고

음악시간에 합창을 할 때 립싱크하는 숨어있는 친구를 술래가 찾는 게임입니다.

영역 : 음악 - 합창, 노래부르기

놀 이 방 법

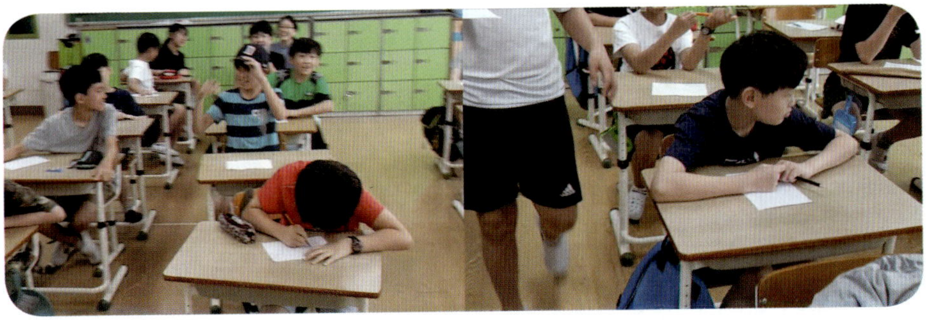

1) 술래를 정하고 잠시 복도에 대기합니다.
2) 교실에 앉아있는 친구들 중 2명을 정하여 립싱크하도록 합니다.
3) 선생님이 노래를 재생하면 모두 노래를 부릅니다.
4) 술래는 교실로 들어와 립싱크하는 친구를 찾습니다.

TIP

- 립싱크하는 친구는 소리는 낼 수 없고 실제 노래를 부르는 것처럼 행동합니다.
- 술래가 가까이 왔을 때 립싱크하는 친구가 노래를 소리 내어 부르면 반칙이 됩니다.

1-55 동물원 놀이

준비물 : 음악, 동물사진 파일　　적용학년 : 저 중 고

동물 그림을 보여주면 음악에 맞춰 동물 소리나 동작을 취하고 '찰칵찰칵'소리에 멈추는 놀이입니다.

영역 : 표현 - 움직임 표현

놀이방법

1) 선생님은 음악을 틀어주고, 학생들은 음악에 맞춰 자유롭게 춤을 춥니다.
2) 선생님이 음악을 멈추고 동물 그림을 보여주며 “얘들아! 사진찍자!” 하고 외치면, 동물의 소리나 동작을 흉내 냅니다.
3) 장소를 이야기해주고 다양한 신체표현을 유도할 수도 있습니다. 예를 들어, “놀이터에서 사진찍자!” 라고 외치면 학생들은 아이들은 노는 모습이나 미끄럼틀 등을 흉내 냅니다.

TIP

모둠이나 짝을 이뤄 함께 표현하고 나머지 학생들은 구경하도록 하면 더욱 재미있는 장면이 연출될 수 있습니다.

1-56 날~ 따라해봐요!

준비물 : 없음

적용학년 : 저 중 고

원형으로 서서 대장의 동작을 따라하는 놀이입니다.

영역 : 표현 - 움직임 표현

놀이방법

1) 학생들은 서로 마주 보고 원형을 만들어 서고 술래는 잠시 눈을 감거나 복도에 나가있습니다.
2) 원을 만든 친구 중 술래가 알지 못하게 대장을 정한 후 술래는 들어옵니다.
3) 대장은 자신만의 동작을 보여주면 다른 친구들은 대장의 동작을 동시에 따라합니다.
4) 술래는 원 안에서 가장 먼저 움직이는 대장을 찾으면 술래를 교대합니다.

TIP

대장을 바꿔가며 체조 동작 보여주고 따라하는 방법으로 준비운동을 할 수 있습니다.

1-57 텔레스트레이션

준비물 : 스케치북, 필기구

적용학년 : 저 중 고

제시된 그림을 보고 '그림-단어-그림-단어' 순으로 표현하여 정답을 맞추는 게임입니다

놀이 방법

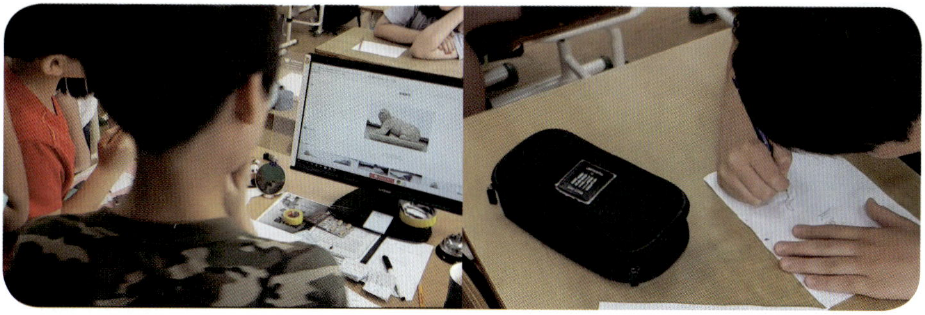

1) 모둠원은 순서를 정하고 마지막 친구는 정답을 맞춥니다.
2) '시작'신호와 함께 첫 번째 친구는 그림을 보고 20초 동안 스케치북에 그림을 그립니다. 이때 다른 친구들은 보지 않습니다.
3) '그만'신호가 들리면 그림을 멈추고 다음 친구 책상위에 스케치북을 놓고 엎드립니다.
4) 다음 친구는 친구가 그린 그림을 확인하고 다음 장에 단어를 씁니다.
5) 같은 방법으로 그림-단어-그림-단어-그림 순으로 스케치북에 표현한 후 마지막 친구가 그림을 보고 정답을 맞추면 점수를 얻습니다.

TIP

- 친구가 스케치북을 작성하는 동안 다른 친구들은 절대 보면 안됩니다.
- 바로 앞 친구의 그림(또는 단어)만 보고, 그 전 그림(또는 단어)를 봐서는 안됩니다.

1-58 절대 음감

준비물 : 없음

적용학년 : 저 중 고

주어진 단어를 첫음절을 높여서 말하고, 다음에는 두 번째 음절을 높여서 말하는 게임입니다.

놀 이 방 법

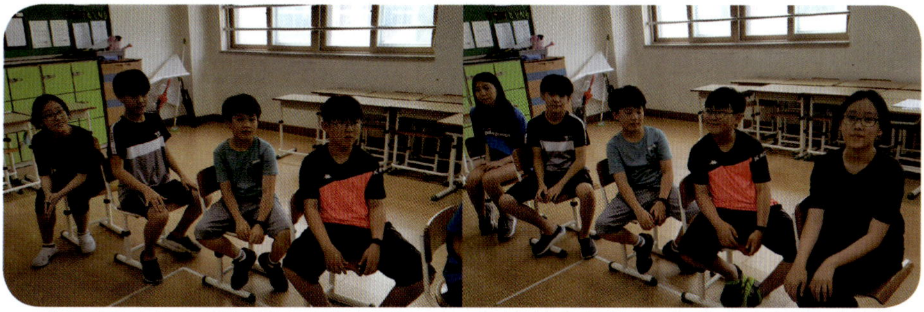

1) 모둠원이 한 줄로 앉거나 섭니다.
2) 주어진 단어를 순서에 맞게 강조해서 말합니다.
3) 첫 번째 친구는 첫음절을 강조해서 말하고, 두 번째 친구는 두 번째 음절을 강조해서 말합니다.
4) 같은 방식을 진행하고 마지막 친구가 성공한 시간을 측정합니다.
5) 예를 들어 제시된 단어가 '놀이대백과' 일 경우, 첫 번째 친구는 '놀'을 높게 말하고 나머지는 낮게 말합니다. 두 번째 친구는 '놀'은 낮게 '이'는 높게 '대백과'는 낮게 말합니다.
6) 가장 짧은 시간에 성공한 모둠이 승리합니다.

TIP

교과학습시간에 배운 핵심 낱말이나 중요 문장들을 이용하여 학습 내용 복습으로 활용할 수 있습니다.

1-59 어둠의 펜싱

준비물 : 안대, 신문지(또는 스폰지봉) 적용학년 : 저 중 고

안대를 한 상태에서 신문지(또는 스펀지봉) 펜싱검을 이용하여 상대방을 먼저 공격에 성공하면 승리하는 게임입니다.

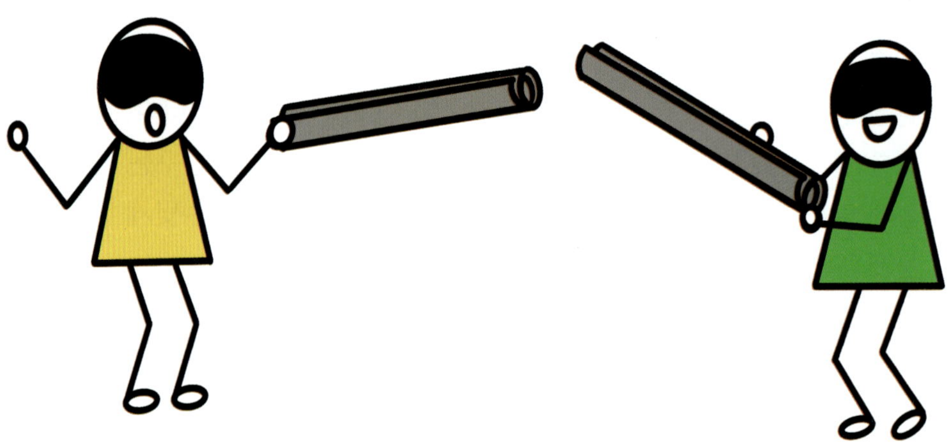

놀이방법

1) 짝 활동으로 신문지(또는 스펀지봉)로 펜싱검을 만든 후 안대를 쓰고 경기장 안에 섭니다.
2) '시작'신호와 함께 펜싱검을 이용하여 상대방을 터치합니다.
3) 터치에 성공하면 성공한 친구는 1점을 얻고 다시 처음 위치로 이동합니다.
4) 같은 방법으로 경기를 진행하고 먼저 3점을 얻은 친구가 승리합니다.

TIP

- 펜싱검을 휘두르거나 머리위로 들어올리지 않습니다.
- 모둠활동으로 경기를 진행할 수 있습니다.

1-60 교실 올림픽 Ⅰ

준비물 : 빨대, 우유갑, 목장갑, 페트

적용학년 : 저 중 고

교실에서 하는 미니 올림픽 게임입니다.

영역 : 올림픽

놀이방법

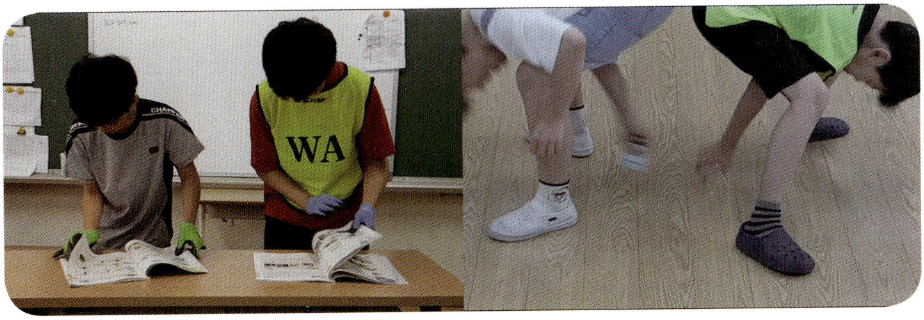

1) 창 던지기
- 출발선에서 빨대를 최대한 멀리 던집니다.

2) 럭비
- 2명이 서로 등을 대고 섭니다. "시작" 신호에 맞추어 다리 사이에 있는 콩주머니(우유팩)을 먼저 듭니다.

3) 복싱
- 목장갑을 끼고 선생님이 부른 체육교과서의 쪽수를 먼저 펴고 "KO"를 외칩니다.

TIP
- 준비물은 상황에 맞춰서 다양하게 준비할 수 있습니다.
- 너무 경쟁적이 되지 않도록 합니다.

1-61 교실 올림픽 Ⅱ

준비물 : 페트병, 풍선, 탁구공, 종이컵 적용학년 : 저 중 고

교실에서 하는 미니 올림픽 게임입니다.

영역 : 올림픽

놀이방법

1) 체조
- 물이 1/3 들어간 페트병을 던져서 바닥에 세웁니다.
2) 아티스틱 스위밍
- 10초 동안 풍선을 가장 크게 불어야 합니다.
3) 탁구
- 탁구공을 한번 튕긴 후 종이컵 안에 넣습니다.

TIP
- 준비물은 상황에 맞춰서 다양하게 준비할 수 있습니다.
- 너무 경쟁적이 되지 않도록 합니다.

1-62 교실 올림픽 Ⅲ

준비물 : 없음

적용학년 : 저 중 고

교실에서 하는 미니 올림픽 게임입니다.

영역 : 올림픽

놀이방법

1) 클라이밍
- 정해진 시간(1분)동안 몸에 포스트잇을 가장 많이 붙입니다.

2) 다이빙
- 종이컵과 종이컵 사이에 카드나 색종이를 놓고 종이컵을 5개 쌓아 올린 후 카드를 꺼내 몇 개의 컵이 쌓이는지 도전합니다.

3) 양궁
- 책상 끝에 포크를 뒤집어 놓고 책상의 반대쪽에서 동전을 굴려 포크 사이의 갈고리에 끼웁니다.

TIP
- 학기 초 팀빌딩 게임으로 활용할 수 있습니다.
- 코스로 만들어 놓고 개인별로 학습지를 활용해 코너 활동으로 운영할 수 있습니다.

Part 2
융합체육놀이

2-1 우리집에 놀러와

준비물 : 없음

적용학년 : 저 중 고

가족의 의미를 생각하며 친구들과 함께 줄지어 대문을 통과하는 게임입니다.

교과융합 - 우리는 가족입니다: 여름 1-1-1

놀 이 방 법

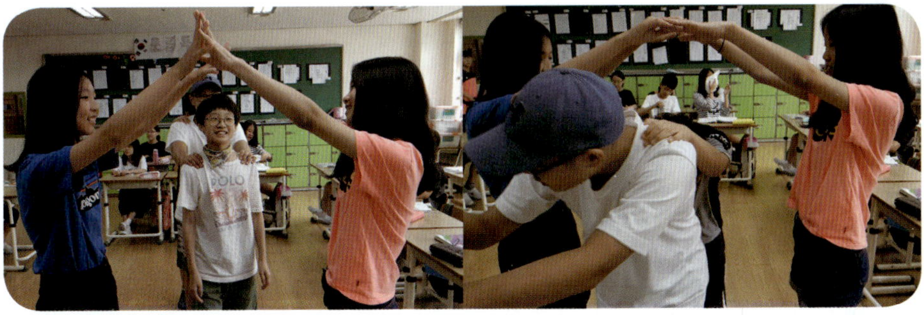

1) 술래 2명이 마주보고 서서 서로 손을 맞잡고 대문을 만듭니다.
2) 다른 친구들은 한 줄로 앞 친구의 허리를 잡고 순서대로 대문을 지나갑니다.
3) 대문을 지나가며 음악시간에 배운 노래를 부릅니다.
4) 노래가 끝나는 마지막 가사를 크게 부르는 것과 동시에 술래들은 잡은 손을 밑으로 내려 1명을 붙잡고 술래를 바꿉니다.
5) 술래 역할을 바꿔가며 가족과 우리집에 대한 소중함을 이해합니다.

TIP

- 술래가 손을 높이 들어 다른 친구들의 얼굴에 부딪히지 않도록 합니다.
- 우리 집에 대한 학습을 통해 개념을 숙지하고 가족의 소중함과 공감의 역량을 배우도록 지도합니다.

2-2 태풍아 불어라

준비물 : 없음

적용학년 : 저 중 고

술래잡기를 통해 여름에 발생하는 태풍의 원리를 이해하는 게임입니다.

교과융합 - 여름 나라: 여름 1-1-2

놀이방법

1) 술래(태풍) 1명과 나머지 학생들은 바다(게임장) 안에서 대기합니다.
2) 술래는 학생들을 잡으러 다니며, 잡힌 친구들은 술래와 손을 잡고 더 큰 태풍이 되어 다른 친구들을 잡습니다.
3) 술래와 잡고 있는 친구들이 6명이 되면 작은 태풍으로 3명씩 분리됩니다.
4) 마지막 친구까지 모두 술래가 되면 끝나게 됩니다.

TIP

- 손을 잡고 있는 술래들은 너무 빨리 달리면 넘어질 수 있으므로 서로 조심하며 이동하도록 합니다.
- 시간이 지날수록 태풍의 크기가 커질 수도 있고 작아질 수도 있음을 놀이를 통해 배울 수 있습니다.

2-3 곤충 씨름

준비물 : 안전매트, 곤충사진 PPT　적용학년 : 저 중 고

곤충의 모습을 관찰하고 곤충처럼 행동을 하며 씨름을 하는 게임입니다.

교과융합 - 초록이의 여름여행: 여름 2-1-2

놀 이 방 법

1) 바닥에 안전매트를 설치합니다.
2) 2명의 친구들이 나와서 인사를 하고, 박수를 치면서 박자를 맞춰 "곤! 충! 씨! 름!"을 외칩니다.
3) 구호가 끝나면 선생님이 '사마귀'라고 외치며 사마귀 이미지를 화면으로 보여줍니다.
4) 곤충의 모습을 흉내 내면서 엉덩이를 이용하여 씨름장 밖으로 밀어냅니다.
5) 승리한 학생은 계속 게임을 진행합니다.

TIP

- 손으로 잡거나 때리지 않도록 주의합니다.
- 곤충의 사진을 먼저 보여주고, 곤충의 이름을 알아보고 씨름을 시작할 수도 있습니다.

2-4 평화와 통일

준비물 : 비행기 접을 종이, 우산　적용학년 : 저　중　고

비행기를 접어서 날리며 평화와 통일로 가는 희망을 품는 게임입니다.

교과융합 - 여기는 우리나라: 겨울 1-2-2

놀 이 방 법

1) 종이에 평화와 통일에 대한 소원(문장)을 적습니다.
2) 그 종이로 비행기를 접습니다.
3) 출발선에 서서 목표지점(평화와 통일이 적힌 우산)으로 비행기를 날립니다.
4) 목표지점에 들어가면 성공하는 게임입니다.

TIP

- 사람이 앞에 있을 때 비행기를 날리기 않도록 주의합니다.
- 평화교육 및 통일의 의미에 대한 수업 후 게임을 진행합니다.
- 비행기를 모두 날리고, 학생들이 비행기에 쓴 평화와 통일에 대한 소원(문장)이 무엇인지 발표를 하면서 게임을 마무리합니다.

2-5 원마커 전화놀이

준비물 : 숫자원마커

적용학년 : 저 중 고

숫자가 적힌 원마커를 점프하며 비상연락망을 익히는 게임입니다.

교과융합 - 비상연락망 익히기: 안전한 생활 1-1-3

놀이방법

1) 숫자 원마커를 전화번호 형태로 배치합니다.
2) 선생님이 경찰서, 소방서, 학교폭력신고 전화 등을 제시하면 그 번호에 맞게 숫자 원마커를 점프합니다.
3) 숫자 원마커를 점프할 때 두 발 점프 또는 한 발 점프 등 점프 방법에 변화를 줄 수 있고, 점프를 하면서 숫자를 외치면서 비상연락망을 익힐 수 있도록 합니다.

TIP

- 원마커를 위치하는 장소가 위험한 요소가 있는지 확인 후 게임을 시작합니다. 교사가 시범을 보여주면서 안전여부를 확인합니다.
- 개인 연습이 익숙하게 진행된 후, 2세트의 원마커를 배치하고 팀별 대항 경기로 진행할 수 있습니다.
- 원마커로 전화를 건 후 '길을 잃었을 때', '화재신고 할 때' 등의 상황에 맞는 역할극(국어) 표현하기 수업을 함께 진행할 수 있습니다.

2-6 쌓은 모양은 뭐지?

준비물 : 점보스택스

적용학년 : 저 중 고

점보스택스를 규칙에 따라 쌓고 규칙을 찾아서 달려가 이어서 쌓는 게임입니다.

교과융합 - 규칙성: 수학 2-2-6, 수학 4-1-6

놀이방법

1) 한 모둠은 점보스택스 뒤에 다른 모둠은 점보스택스가 보이지 않게 뒤돌아서서 눈을 감습니다.
2) 점보스택스 9~10개를 규칙에 맞게 일렬로 세웁니다.
 - 예시) 세우는 규칙: 빨-빨-파-빨-빨-파-빨-빨-파
3) 다른 팀은 늘어놓은 점보스택스를 3초 동안 확인한 후, 일정한 거리에 점보스택스가 놓여있는 곳으로 달려갑니다.
4) 이때 먼저 점보스택스를 세워 놓은 모둠은 다른 모둠이 보지 못하도록 몸으로 가립니다.
5) 상대팀의 점보스택스와 똑같이 세우면 10점을 얻습니다.
6) 번갈아가며 게임을 진행하고 가장 많은 점수를 얻은 팀이 승리합니다.

TIP

점보스택스를 바닥에 엎거나 뒤집어 놓고 두 팀으로 나누어 엎도록(뒤집도록)하여 많이 엎어놓은(뒤집어놓은)모둠이 승리하는 게임으로 변형할 수 있습니다. (※카드 뒤집기 놀이 형태로 변형)

2-7 꺾은선 줄넘기

준비물 : 줄넘기, 종이, 연필, 스탑워치 적용학년 : 저 중 고

원을 돌며 친구들과 짝 줄넘기를 하고 시간을 측정하여 꺾은선 그래프를 그려보는 게임입니다.

교과융합 - 자료와 가능성: 수학 4-2-5

놀 이 방 법

1) 모둠별로 원형을 만들어 1m 간격으로 서고, 줄돌이가 원 안으로 들어갑니다.
2) 시작과 동시에 시간을 측정하고, 줄돌이와 서 있는 친구들이 2인 맞서 뛰기를 합니다. 한 명당 3회를 실시하고 옆의 친구로 이동하여 줄넘기를 합니다.
3) 원을 한 바퀴 도는 동안의 시간을 측정하여 그래프에 기록합니다.
4) 총 5회 실시 후 그래프에 기록합니다.

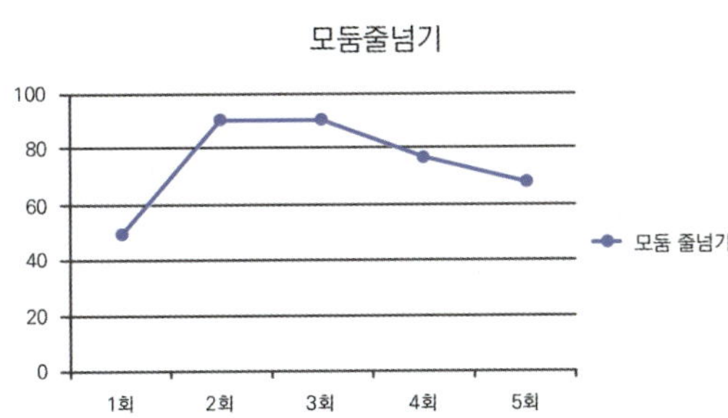

꺾은선 그래프 (예)

TIP

- 스탑워치를 이용한 시간 측정도 학생들 스스로 할 수 있도록 스탑워치 사용법을 미리 연습합니다.
- 그래프를 보며 기록 향상을 위한 방법에 대해 토의합니다.

2-8 트랜스그래프

준비물 : 종이, 펜

적용학년 : 저 중 고

막대그래프와 꺾은선그래프를 신체로 표현하는 게임입니다.

교과융합 - 막대그래프와 꺾은선그래프: 수학4-1-5, 4-2-5
- 사회교과서에 나오는 그래프 찾기

놀이방법

1) 2~3개의 팀으로 나눕니다.
2) 1개 팀이 상대팀에게 미션을 줍니다. 미션은 사회책에 나오는 막대그래프 또는 꺾은선그래프를 신체로 표현하기입니다.
3) 막대그래프나 꺾은선그래프를 몸으로 표현하기 위해 허리를 구부리거나 몸을 위로 쭉 뻗는 동작을 해야 하며, 2팀이 경쟁 시 제한 시간을 두어 실제 그래프와 가장 비슷하게 완성한 팀이 승리합니다.

TIP

- 완성된 그래프를 사진으로 찍어 사회교과서의 그래프와 비교하면 더욱 흥미롭습니다.
- 종이와 펜은 그래프의 구성 요소를 표현하는데 쓰이며, 완성된 그래프를 상대팀이 1분간 해석하는 시간을 갖습니다.

2-9 더 멀리

준비물 : 카메라, 종이, 펜

적용학년 : 저 중 고

다리를 최대한 벌리거나 좁혀서 각도의 개념을 익히고 실제로 익혀보는 게임입니다.

교과융합 - 각도 재기: 수학 4-1-2

놀이방법

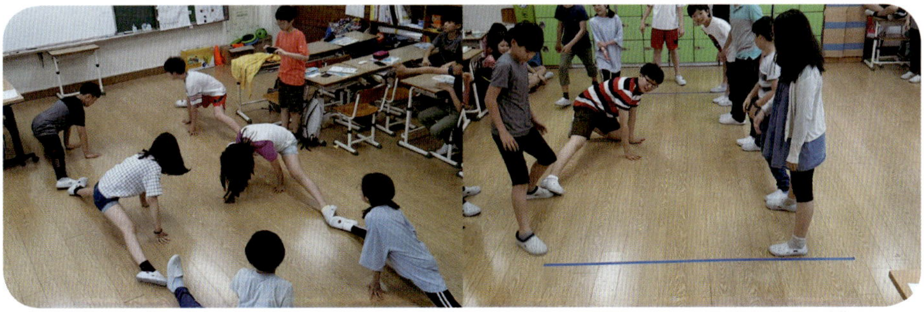

1) 모둠별로 출발선에 대기합니다.
2) 선생님이 5m라고 외치면, 출발선에서 한 명씩 최대한 다리를 벌리고 서로의 발을 이어 붙여 5m 길이를 만듭니다.
3) 이때 한 명은 옆에서 친구들의 모습을 사진으로 촬영합니다.
4) 선생님이 지정한 길이에 가장 가까운 모둠이 승리합니다.
5) 게임을 다 마치고 교실로 돌아와 찍은 사진을 출력하고 각도기로 친구들의 벌린 다리의 각도를 재어봅니다.

TIP

- 출발선에서 3m, 5m 길이를 지정해주고 서로 다리를 붙이고 벌린 모습을 촬영하여 각도를 측정합니다.
- 수학 수업에서 각도에 대해 충분히 익힌 후 게임을 합니다.

2-10 막대 그래프 만들기

준비물 : 매트, 종이, 연필

적용학년 : 저 중 고

철인 2종 경기를 통해 막대 그래프를 그려보는 게임입니다.

교과융합 - 자료와 가능성: 수학 4-1-5

놀 이 방 법

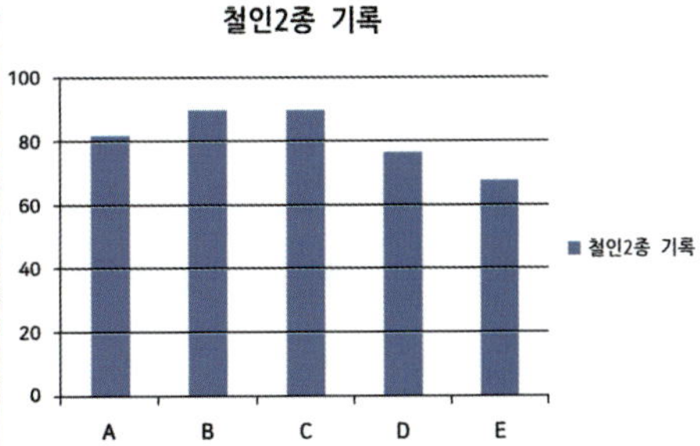

1) 모둠별로 진행하며, 대기하는 모둠은 게임을 실시하는 학생들의 시간을 측정해 줍니다.
2) 양쪽에 책상을 세로로 두 줄씩 이어 붙여 수영 구역을 만들고, 매트를 배치하여 자전거 동작을 수행 할 구역을 만듭니다.
3) 출발선에서 한 명씩 출발합니다.
4) 첫 주자가 수영구역(책상 위)에서 수영하는 모습을 하며 통과하고, 자전거 구역에서 페달을 밟는 활동이 끝난 후 다음 주자가 수영구역으로 출발합니다.
5) 자전거 구간은 누워서 자전거 페달을 밟듯이 30회를 실시합니다.
6) 마지막 주자까지 각 주자가 들어오는 시간을 측정합니다.
7) 경기가 끝난 팀은 각 주자의 시간을 자료로 막대그래프를 그리도록 합니다.

TIP

완성된 막대그래프를 이용하여 가장 높거나 낮은 기록 찾기, 기록의 비교 등의 활동을 할 수 있습니다.

2-11 들이의 덧셈 뺄셈

준비물 : 다양한 용량의 페트병 또는 용량을 표시하여 붙인 볼링핀, 볼링공(축구공)

적용학년 : 저 중 고

들이의 개념을 볼링 놀이를 통해 이해하는 게임입니다.

교과융합 - 들이와 무게: 수학 3-2-5

놀이방법

1) 두 모둠씩 출발선에서 공을 들고 대기합니다.
2) 모둠원이 한 명씩 돌아가며 공을 굴리고, 쓰러진 페트병의 들이를 더해 갑니다.
3) 총 3회를 실시하며, 1, 2회는 더하고 마지막 3회의 들이는 1, 2회의 들이 합에서 뺍니다.
   (예를 들어, 1회 2,300mℓ, 2회 1,700mℓ, 3회 2ℓ일 경우 2300+1700-2000=2,000mℓ 가 됩니다.)
4) 3회까지의 덧셈 뺄셈 값이 가장 높은 모둠이 승리합니다.

TIP

- 쓰러트린 페트병은 한 사람이 한 개씩만 인정합니다. 두 개가 동시에 쓰러진 경우 한 개를 선택합니다.
- 들이의 개념을 숙지 후 진행합니다.

2-12 원마커 시계

준비물 : 숫자원마커, 공

적용학년 : 저 중 고

원마커로 시계를 만들고 공을 주고 받으며 시계보기와 시간과 시각을 익히는 게임입니다.

교과융합 - 시간과 시각: 수학 2-2-4, 수학 3-1-5

놀이방법

1) 2명은 원 마커가 놓인 밖의 구역(시계 숫자), 2명은 원 중심(시침, 분침)에 위치합니다.
2) 상대 모둠이 ○시○분을 외치면 시계 숫자 역할 2명이 ○시○분에 맞게 이동합니다.
3) 시침 학생은 들고 있는 공을 시에 해당되는 위치의 친구에게 패스하고, 분침 학생이 들고 있는 공을 분에 해당되는 위치의 친구에게 패스합니다.
4) 만약 실수를 했다면 상대팀은 "타임!"을 외치고 무엇을 실수했는지 알려준 후, 다시 게임을 진행합니다.

TIP

- 공을 서로 주고받다가 패스가 부정확하면 다시 시간을 외치면서 주고받을 수 있도록 안내합니다.
- 승부보다는 시간을 정확하게 읽을 수 있는 연습이 될 수 있도록 분위기를 조성합니다.
- '우리 반 등교시간은?', '점심시간이 끝나는 시간은?' 등 실생활과 관련된 시간을 문제로 제시할 수 있습니다.

2-13 십진수 감옥놀이

준비물 : 팀조끼(백, 십, 일의 자리 구분하는 3가지 색

적용학년 : 저 중 고

십진수의 개념을 익히고 백, 십, 일의 자리에 맞는 술래를 잡아서 해당 구역(감옥)에 넣는 게임입니다.

교과융합 - 9까지의 수: 수학 1-1-1
- 세 자리의 수: 수학 2-1-1

놀이방법

1) 술래를 두 명 정하고 십진수 구역(출발선)에 대기합니다.
2) 술래를 제외한 전체학생을 백 단위, 십 단위, 일 단위로 구분하여 단위에 맞는 색의 팀조끼를 입고 경기장에 퍼져 있습니다.
3) 선생님이 제시한 숫자(예, 235)를 듣고 술래는 백 단위 2명, 십 단위 3명, 일 단위 5명의 친구를 잡아서 십진수 구역의 백(십, 일)단위 구역으로 이동시킵니다.
4) 선생님이 제시한 숫자가 맞으면 술래를 바꾸고 틀렸다면 다시 게임을 진행합니다.

TIP

- 시간이 오래 걸리면 술래의 숫자를 늘립니다.
- 술래는 친구를 데리고 올 때 손을 잡고 옵니다.
- 잡아서 데려올 경우, 달려오면 위험하기 때문에 걸어오도록 합니다.
- 승부보다는 십진수의 개념을 정확이 익힐 수 있도록 합니다.

2-14 누들 누들 파이팅

준비물 : 스펀지봉

적용학년 : 저 중 고

손가락 합이 짝수면 짝수 친구가 아래에 있는 누들(스펀지봉)을 잡고 도망가는 홀수 친구를 잡는 게임입니다.

교과융합 - 홀수와 짝수: 수학 1-2-1

놀이방법

1) 서로 마주보고 오른쪽은 짝수팀, 왼쪽은 홀수팀이 섭니다.
2) "누들 누들 파이팅"이라고 외치며 오른손 손가락을 원하는 숫자만큼 폅니다.
3) 더한 손가락 수가 홀수면 홀수 친구가 바닥의 스펀지봉을 잡고 상대방을 터치합니다.
4) 반대로 짝수 친구는 반대편 정해진 구역까지 도망칩니다.
5) 스펀지봉을 잡은 친구가 상대친구를 잡으면 1점을 얻고 잡지 못하면 상대친구가 1점을 얻습니다.

TIP

- 스펀지봉으로 친구를 강하게 치거나 던지지 않도록 지도합니다.
- 학년 난이도에 따라 손가락 수 곱하기로 경기를 진행할 수 있습니다.

2-15 원마커 점프놀이

준비물 : 숫자, 원마커, 도화지, 사인펜

적용학년 : 저 중 고

원마커를 점프하면서 수의 특성을 익히는 게임입니다.

교과융합 - 수의 개념, 덧셈과 뺄셈: 저학년 수학 전 단원

놀 이 방 법

1) 숫자 원 마커를 지그재그 형태로 배치합니다.
2) 먼저, 각 숫자를 걷거나 뛰는 형태로 밟을 수 있도록 자유롭게 연습합니다.
3) 연습 후 <홀수만 밟기>, <뺄셈 밟기> 등의 활동으로 수의 특성을 이해합니다.
4) 친구가 원마커에 있는 숫자를 이용하여 도화지에 직접 문제를 내고, 다른 친구가 원마커를 밟으면서 그 문제를 해결할 수 있도록 게임을 진행합니다.

TIP

- 보통 숫자 원마커의 경우 1~10까지만 있는 경우가 있어, 일반 원마커에 11~20의 숫자를 써서 더 많은 수를 익힐 수 있도록 합니다.
- 원마커를 놓는 장소가 위험한 요소가 있는지 확인 후 게임을 시작합니다. 교사가 시범을 보여주면서 안전여부를 확인합니다.

2-16 구구단 달팽이

준비물 : 라인테이프

적용학년 : 저 중 고

서로 반대편 시작점에서 출발해서 만나면 구구단을 내는 게임입니다.

교과융합 - 곱셈: 수학 3-1-4

놀이방법

1) 달팽이 놀이를 위한 그림을 바닥에 그립니다.
2) 두 팀으로 나눠서 서로 반대편 출발점에 섭니다.
3) 동시에 출발해서 만나는 지점에서 가위 바위 보를 한 후 이긴 친구가 먼저 구구단 문제를 제시합니다.
4) 서로 번갈아 가며 한 명이 틀릴 때까지 구구단 문제를 제시하고 답합니다.
5) 이긴 친구는 계속 상대팀 출발점을 향해 달려가고 진 팀에서는 다음 친구가 다시 출발점에서 달립니다.
6) 먼저 상대편 출발점에 도착하는 팀이 승리합니다.

TIP

- 아이들이 좋아하는 달팽이 놀이를 구구단 게임과 접목시킨 변형 게임입니다.
- 저학년의 경우 한자리 수 덧셈 문제를 활용하여 놀이를 진행할 수 있습니다..

2-17 곱셈 달리기

준비물 : 라바콘

적용학년 : 저 중 고

한 자리 수 곱셈을 배운 후 그 값에 해당하는 콘을 먼저 돌아오는 게임입니다.

교과융합 - 곱셈: 수학 3-1-4

놀 이 방 법

1) 각각 2명씩 가운데 숫자가 쓰여있는 콘을 마주보고 섭니다.
2) 주어진 곱셈 문제를 풀고 해답에 해당하는 숫자 중 첫 번째 학생이 십의 자리에 해당하는 콘을 돌고, 두 번째 학생은 일의 자리에 해당하는 콘을 돌아옵니다.
3) 십의 자리 학생과 일의 자리 학생이 정확하게 콘을 돌고, 순서대로 먼저 들어온 모둠이 승리합니다.

TIP

- 두 자릿수 곱하기 한 자릿수로 경기를 진행할 수 있으며 이때는 3명이 한 조가 되어야 합니다.
- 바톤을 이용하여 함께 곱셈 이어달리기로 진행할 수 있습니다.

2-18 나눗셈 달리기

준비물 : 콘

적용학년 : 저 중 고

나머지가 있는 나눗셈을 배운 후 주어진 나눗셈 문제를 해결하고 남은 나머지 값까지 빨리 갔다가 돌아오는 이어달리기 게임입니다.

교과융합 - 나눗셈: 수학 3-1-3

놀이방법

1) 일정한 간격으로 떨어진 숫자 콘을 놓고, 두 모둠이 출발선에 섭니다.
2) 나눗셈 문제를 제시하고 그 나머지 값에 해당하는 콘을 빠르게 돌아서 다음 친구와 터치합니다.
3) 다음 친구도 달리면서 나눗셈 문제를 풀고 해당하는 나머지 값의 콘을 돌아옵니다.
4) 잘못된 숫자를 돌아오는 친구는 다시 돌아가야 합니다.
5) 가장 먼저 돌아온 모둠이 승리합니다.

TIP

콘의 숫자를 늘리거나 숫자 위치를 무작위로 설치함으로써 난이도를 조절할 수 있습니다.

2-19 주사위 전개도(주령구[1])

준비물 : 직육면체 전개도(피트니스 주사위)

적용학년 : 저 중 고

다양한 전개도로 주사위를 만들어 주사위 놀이를 하는 게임입니다.

교과융합 - 직육면체의 부피와 겉넓이: 수학 6-1-6
삼국시대(신라): 사회 5-2-1

1) 1975년 경주 안압지 발굴시 출토된 참나무 주령구는 14면체로 연회시 여흥을 즐기기 위한 벌칙이 쓰여져 있다.

놀 이 방 법

▲ 방법 1

1) 직육면체나 주령구 전개도를 나누어 줍니다.
2) 직육면체의 부피와 겉넓이를 구합니다.
3) 직육면체의 전개도를 접어서 주사위를 만듭니다.
4) 삼국시대 신라에서 실시되었던 주령구 놀이에 대하여 알아봅니다.
5) 주령구 놀이를 변형시켜 모둠별로 게임을 실시합니다.

▲ 방법 2

1) 숫자 주사위와 피트니스 주사위를 활용하여 게임을 진행합니다.
2) 나온 숫자만큼 피트니스 주사위에 나온 활동을 모둠별로 따라하도록 합니다.

TIP

- 주령구 벌칙
  - 금성작무(禁聲作舞)- 노래 없이 춤추기(무반주 댄스)
  - 중인타비(衆人打鼻)- 여러 사람 코 때리기
  - 음진대소(飮盡大笑)- 잔 비우고 크게 웃기
  - 자창자음(自唱自飮)- 스스로 노래 부르고 마시기
  - 공영시과(空詠詩過)- 시 한수 읊기
- 주령구 놀이에서 나오는 벌칙은 실제 수행하기 어려운 면이 있으므로 즐겁게 참여할 수 있는 내용으로 구성합니다.

2-20 탁구공 전개도

준비물 : 계란판, 탁구공

적용학년 : 저 중 고

평면도형의 이동과 전개도의 개념을 익혀 계란판에 탁구공을 던져 전개도를 만드는 게임입니다.

교과융합 - 평면도형의 이동: 수학 4-1-4
직육면체의 부피와 겉넓이: 수학 6-1-6

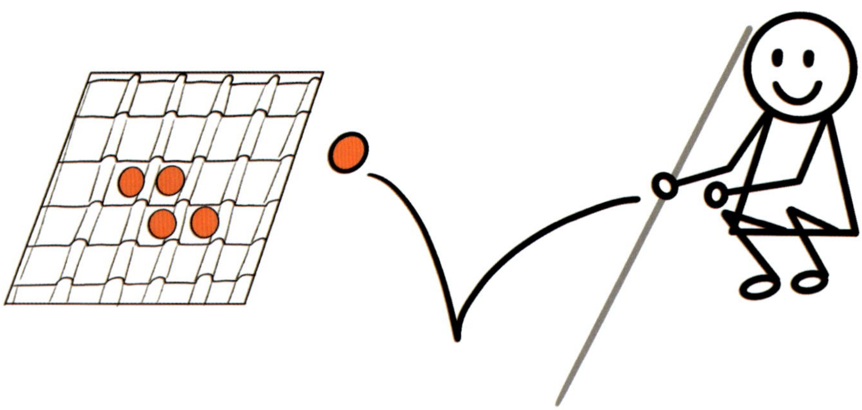

놀이방법

1) 3팀이 출발선에 탁구공을 하나 씩 들고 섭니다.
2) 선생님이 제시한 평면도형과 이동방법(돌리기, 옮기기 등)을 확인 후 탁구공을 계란판을 향해 던집니다.
3) 땅에 한 번 튀긴 후 계란판에 들어가야 인정됩니다.
4) 선생님이 제시한 평면도형과 이동방법에 맞게 계란판에 탁구공이 먼저 들어간 팀이 승리합니다.

TIP

- 정육면체(직육면체) 전개도를 완성하는 게임으로 변형할 수 있습니다.
- 계란판에 탁구공이 한 번에 들어가거나 두 번 튀긴 후 들어간 경우 인정되지 않습니다.

2-21 쌓기나무 볼링

준비물 : 종이컵, 테니스 공

적용학년 : 저 중 고

쌓기나무를 학습하고 볼링을 통해 위, 앞, 옆에서 본 모양을 유추하여 그려보는 게임입니다.

교과융합 - 도형: 수학 6-2-1

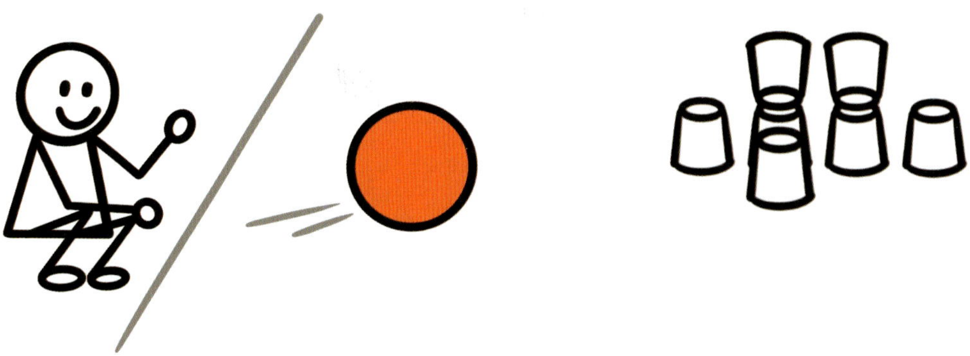

놀 이 방 법

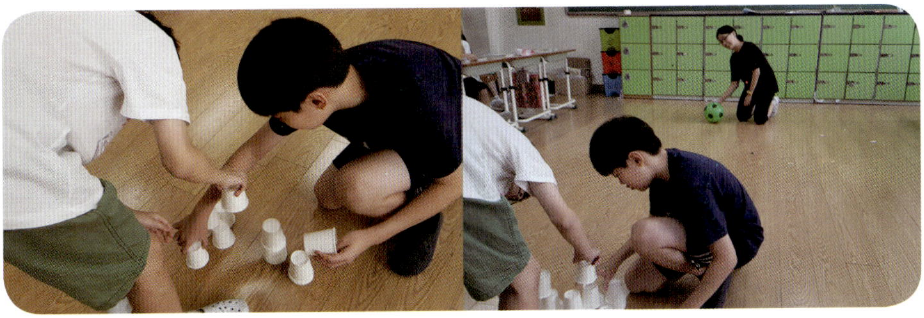

1) 두 팀으로 나눈 후 한 팀이 먼저 볼링핀(종이컵) 10개를 가지고 쌓기나무 모양을 만듭니다. 이때 다른 팀이 보지 않도록 합니다.
2) 다른 팀원은 일어서지 않고 앉아만 있어야 하며, 한 명씩 공을 굴려 볼링핀(종이컵)을 쓰러뜨리면서 모양을 유추합니다. 4명이면 4번만 굴릴 수 있습니다.
3) 쓰러진 볼링핀(종이컵)을 보고 원래의 모양을 유추해서 위, 옆, 앞에서 본 모양을 다시 쌓아봅니다.
4) 원래의 모양과 같다면 10점을 얻습니다.
5) 번갈아가며 게임을 진행하고 가장 많은 점수를 얻은 팀이 승리합니다.

TIP

- 쌓기나무는 3층 이하로 합니다.
- 종이컵이 훼손되지 않도록 공을 던지지 말고 굴리도록 합니다.

2-22 도형 이어달리기

준비물 : 라바콘

적용학년 : 저 중 고

평면도형에 대한 개념을 놀이를 통해 이해하는 게임입니다.

교과융합 - 여러 가지 도형: 수학 2-1-2

놀 이 방 법

1) 두 팀으로 나눈 후 콘을 1인당 1개씩 들고 출발선에 대기합니다.
2) 선생님이 도형을 말해주면 첫 번째 주자부터 달려가서 콘(꼭짓점)을 놓고 옵니다.
3) 예를 들어 6명이면 '5각형', '3각형 2개' 등으로 만듭니다.
4) 마지막 주자까지 평면도형을 완성하고 가장 빨리 돌아오는 팀이 승리합니다.

TIP

- 다른 팀과 콘이 서로 겹치지 않도록 각 팀별로 구역을 정해줍니다.
- 저학년의 경우에는 '세모', '네모'로 표현합니다.

2-23 변신 주사위 놀이

준비물 : 상자, 도화지, 가위, 풀, 사인펜

적용학년 : 저 중 고

주사위에 표현된 동물, 물건, 주제 등을 신체로 표현하는 게임입니다.

교과융합 - 여러 가지 모양: 수학 1-1-2
- 봄 동산 친구들 표현하기: 봄(통합) 1-1-2

놀 이 방 법

1) 재활용품 상자를 활용하여 상자의 각 면에 봄 친구들(개구리, 꽃, 뱀, 새싹 등)을 1개씩 그려서 변신 주사위를 만듭니다.
2) 친구들과 한 번 씩 주사위를 던지면서 봄 친구들을 표현합니다.
3) 봄 친구들 이외에 표현하고 싶은 것이 있으면 6개의 그림을 준비하여 다시 상자에 붙여서 게임을 진행합니다.

TIP

동물이나 식물 이외에 건강체력을 기를 수 있는 동작(스커트, 플랭크, 별체조 등)을 주사위에 넣을 수 있습니다.

2-24 협동 균형 잡기

준비물 : 긴 줄넘기 2개, 입구가 큰 페트병 1개, 추 여러 개, 공 1개

적용학년 : 저 중 고

긴 줄넘기 2개를 이용하여 공을 페트병 위에 균형을 잡아 놓는 게임입니다.

교과융합 - 수직과 평행: 수학 4-2-4 - 사각형의 넓이: 수학 5-1-6
- 원기둥과 구: 수학 6-2-3

놀이방법

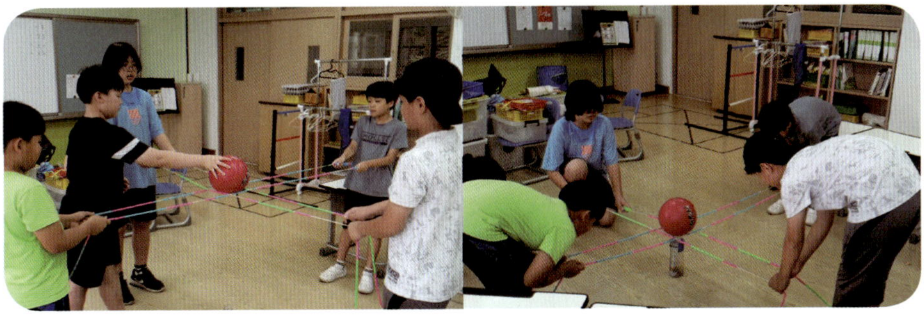

1) 4명이 한 모둠이 되어, # 형태로 긴 줄넘기 2개를 잡습니다.
2) 긴 줄넘기 위에 공을 올려놓고, 천천히 몸을 낮춰 추가 들어간 페트병 위에 균형을 잡아 공을 올립니다.
3) 균형 잡기에 성공한 경우 <이동하여 균형 잡기>, <공 점프 후 받아서 균형 잡기>등 난이도를 높여 도전합니다.
4) 가장 먼저 완수하는 모둠이 승리합니다.

TIP

- 균형을 잘 잡기위한 방법을 서로 대화를 통해 찾아갈 수 있도록 게임을 진행합니다.(예> 줄넘기를 엇갈려 잡기, 줄넘기를 팽팽하게 유지하기 등)
- 점수나 승패가 아닌, 게임을 통해 협동심과 집중력을 기를 수 있도록 게임 전, 후 지도교사의 안내가 필요합니다.

2-25 통통 한글 탁구공

준비물 : 탁구공

적용학년 : 저 중 고

친구와 탁구공을 주고받으며 한글을 익히는 게임입니다.

교과융합 - 글자를 만들어요: 국어 1-1-4

놀이방법

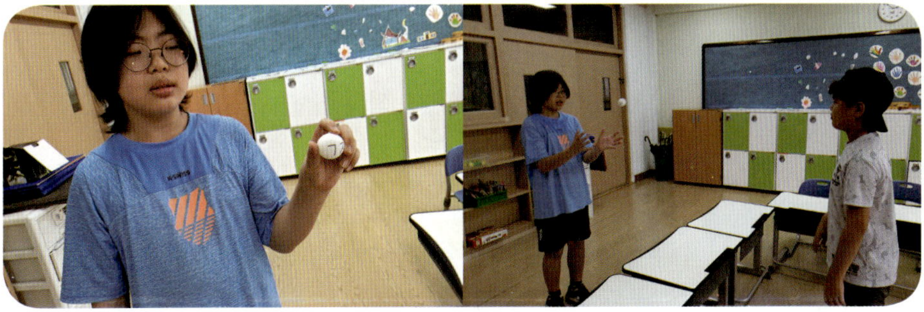

1) 교실 가운데에 책상을 1개씩 네트처럼 놓고 양쪽에 한 명씩 섭니다.
2) 탁구공을 튀겨 잡는 동작 연습을 한 후, 본 게임을 위한 탁구공을 선택합니다.
3) 탁구공에는 단어를 만들기 위한 힌트가 쓰여 있습니다.
   예를 들어, <가○> 이라는 탁구공의 경우 '가'로 시작하는 두 글자의 단어를 탁구공을 던지면서 말합니다.
4) 단어를 말하지 못하는 경우 같이 경기하는 친구가 말해줄 수 있으며, 대결경기가 아니기 때문에 탁구공을 서로 오래 주고받으며 단어를 많이 말해보면서 최고 기록을 세웁니다.

TIP

다음과 같이 변형게임으로 진행할 수있습니다.

> 주제단어 말하기 탁구공: 탁구공에 <나라>가 적혀 있으면, 나라 이름을 서로 이야기 하면서 탁구공 주고받기

> 끝말잇기 탁구공: 탁구공에 적혀 있는 단어부터 시작하여 끝말잇기를 서로 하면서 탁구공 주고받기

2-26 N극과 S극

준비물 : 빨강 스티커, 파랑 스티커 적용학년 : 저 중 고

양 손에 각각 N극과 S극을 표시한 후 친구들과 밀어내고 당기는 게임입니다.

교과융합 - 밀고 당기는 힘: 과학 3-1-4

놀 이 방 법

1) 각자 자기의 손에 보이지 않게 N극(빨강 스티커)과 S극(파랑 스티커)을 붙인 후, 원을 그리고 선 후 둥글게 둥글게 노래를 부르며 강강술래를 합니다.
2) 호각 소리와 함께 선생님이 외치는 숫자에 맞게 친구들이 모여서 서로 손을 잡는다.
3) 손을 잡은 친구들은 서로 손바닥의 극을 확인 하여 서로 다른 극이면 손을 잡고 같은 극이면 손을 놓는다. 이 때, 손을 놓은 친구들은 다른 그룹으로 이동해서 다시 손바닥의 극을 확인하여 숫자에 맞게 모일 수 있도록 한다.
4) 선생님이 말한 숫자와 손바닥의 극의 성질까지 완성된 팀은 자리에 앉고, 완성되지 못한 친구들은 술래(숫자를 외치는 역할)가 되어 다시 게임을 진행한다.

TIP

협소한 실내에서 게임을 진행할 때는 작은 원 3~4개로 나눠서 강강술래를 진행할 수 있습니다.

2-27 훌라후프 탑 쌓기

준비물 : 훌라후프 팀별 6개　　적용학년 : 저 중 고

3명이 한 조가 되어 훌라후프 탑을 쌓고 반환점을 돌아오는 이어 달리기 게임입니다.

교과융합 - 무게 중심: 과학 4-1-4

놀 이 방 법

1) 3명이 손을 잡고 출발선에 섭니다.
2) 시작과 동시에 출발해서 중간지점에서 훌라후프 6개로 탑을 쌓습니다.
3) 이 때 무게 중심을 고려하여 훌라후프 6개가 떨어지지 않도록 쌓은 후 다시 손을 잡고 반환점을 돌아오며 쌓은 탑을 넘어트립니다.
4) 다음 조와 터치하고 계속적으로 이어달리며 훌라후프 탑 쌓기를 합니다.
5) 마지막 조가 먼저 들어오는 팀이 승리합니다.

TIP

- 고학년의 경우 훌라후프의 개수를 조절하여 난이도를 높일 수 있습니다.
- 넘어지지 않는 안전한 탑을 쌓는 다양한 방법에 대하여 팀별 회의하는 시간을 가지면 보다 효과적인 융합수업이 될 수 있습니다.

2-28 4단계 스트레칭 놀이

준비물 : 없음

적용학년 : 저 중 고

4가지 스트레칭을 하면서 소프트웨어교육에서 순차와 반복의 의미를 이해하는 게임입니다.

교과융합 - 순차와 반복: 소프트웨어 전학년

1단계

2단계

3단계

4단계

놀이방법

1) 3인 1조로 팀을 만듭니다. 먼저 4단계 기본 구호를 연습합니다.
   4단계의 구호 : [위로 -> 아래로 -> 돌고 -> 통과]
2) 1단계 '위로'는 2명이 손을 잡고 있으면 그 위로 넘어가는 동작입니다. 이때 2명은 넘어가는 친구를 배려하며 낮은 자세를 유지합니다.
3) 2단계 '아래로'는 2명이 손을 잡고 높은 자세를 유지하면 그 밑으로 이동하는 단계입니다.
4) 3단계 '돌고'는 2명의 친구 둘레는 한 바퀴 도는 동작입니다.
5) 4단계 '통과는 2명의 친구가 손을 잡고 공간을 만들면 그 공간을 통과하는 동작입니다.
6) 4단계까지 끝난 후 3인 중 다른 친구가 다시 1단계부터 4단계까지 실시합니다. 3명의 모든 친구들이 4단계까지 수행하면 미션에 성공하는 게임입니다.

TIP

- 안전한 동작, 좀 더 편안하게 할 수 있는 동작을 학생들 스스로 찾을 수 있도록 안내합니다.
- 소프트웨어 교육의 <순차>와 <반복>개념을 자연스럽게 익힐 수 있도록 진행합니다.(1~4단계의 순서로 수행하는 과정이 순차, 3명의 친구가 같은 동작을 수행하는 과정을 반복)

2-29 2진법 점프놀이

준비물 : 훌라후프 팀별 6개

적용학년 : 저 중 고

컴퓨터에서 활용하는 2진법의 개념을 점프놀이를 통해 익히는 게임입니다.

교과융합 - 컴퓨팅 사고력: 소프트웨어 전학년

놀 이 방 법

1) 5명은 순서를 정하고 한 줄로 서서 대기합니다.
2) 학생들 각각 <1(=1)>, <2(=$10_{(2)}$)>, <4(=$100_{(2)}$)>, <8(=$1000_{(2)}$)>, <16(=$10000_{(2)}$)> 수 역할이 부여 되며, 훌라후프가 없는 곳(대기장소)은 '0', 훌라후프가 있는 곳은 '1'이 됩니다.
3) 연습을 위해 1부터 10까지의 수를 2진법 점프놀이를 통해 세어 봅니다.

	1	2	3	4	5	6	7	8	9	10
2진수	1	10	11	100	101	110	111	1000	1001	1010

4) 연습이 충분히 된 후, 선생님이 제시한 수(20~30)를 빠르고 정확하게 성공하는 팀 승리하는 게임입니다.

TIP

- <1>, <2>, <4>, <8>, <16> 수 역할을 서로 바꿔서 할 수 있도록 안내합니다.
- 점프를 통해 익힌 2진법이 컴퓨터가 수를 세는 방법, '0'과 '1'의 사용하는 컴퓨터 프로그램 원리를 안내합니다.

2-30 정렬망 드리블 놀이

준비물 : 농구공, 원마커

적용학년 : 저 중 고

컴퓨터가 사고하는 '정렬'의 개념을 농구 드리블 놀이를 통해 익히는 게임입니다.

교과융합 - 정렬: 소프트웨어 전학년

놀이방법

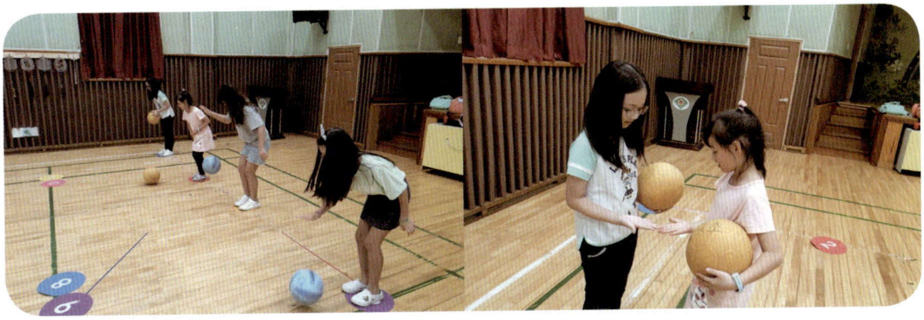

1) 4명의 학생들에게 서로 다른 숫자카드를 줍니다.
2) 출발 전 학생들에게 숫자를 비교하는 구역(원마커)에서 숫자 비교 후 이동할 때 규칙 <큰 수는 왼쪽, 작은 수는 오른 쪽으로 이동>을 강조합니다.
3) 출발선에서 드리블을 하여 원마커 지역까지 이동합니다. 원마커 지역에 도착한 두 친구는 서로 숫자 비교 후 규칙에 따라 이동합니다.
4) 6번의 정렬 과정을 통해, 마지막에 왼쪽을 기준으로 큰 수부터 작은 수가 정렬되었는지 확인해 봅니다.

TIP

학생들이 하고 있는 드리블 놀이가 실제로 컴퓨터가 정렬하는 과정과 방법임을 안내합니다.

2-31 오렌지 게임

준비물 : 컬러빈백(접시콘)

적용학년 : 저 중 고

네트워크의 경로배정(Routing)과 데드 록(Deadlock)의 과정을 쉽게 익힐 수 있는 게임입니다.

교과융합 - 네트워크 : 소프트웨어 전학년

놀 이 방 법

1) 5명의 학생이 원을 만들어 앉고 5가지 색의 빈백(접시콘)을 2개씩 손에 들고 준비합니다.
2) 처음 시작할 때 같은 색의 빈백을 가지고 있으면 안 되며, 한 명은 빈 백을 한 개만 손에 들고 시작합니다.
3) 빈손에 있는 학생에게 빈백을 하나씩 넘겨줍니다. 이때 옆 학생에게만 전달할 수 있으며 대각선이나 건너뛰어서 전달할 수 없습니다.
4) 계속 전달하다가 모두 각자 동일한 색의 빈백을 양 손에 들면 승리합니다.

TIP 처음엔 어려울 수 있으므로 3명씩 게임을 진행합니다.

220

Part 3
실내놀이

3-1 민첩성 놀이 I

준비물 : 래더, 매트, 원마커　　적용학년 : 저 중 고

민첩성을 기르기 위한 다양한 놀이입니다.

영역: 건강 - 여가와 운동체력 - 운동체력(민첩성) 증진활동

놀이방법

1) 1코스는 원마커를 동서남북으로 놓고 중앙에 서서 동서남북 순서로 점프를 하여 이동합니다. 총 3회를 실시합니다.
2) 2코스는 래더를 한 발씩 뛰어서 통과합니다.
3) 3코스는 매트 위에서 엎드렸다 일어나기를 3회 반복합니다.
4) 1~3코스를 통과한 시간을 여러 번 측정하여 기록의 변화를 확인합니다.

TIP

- 너무 경쟁적으로 하다보면 사고의 위험이 있으므로 안전교육을 실시합니다.
- 빨리하는 것 보다 정확한 동작을 통해 건강 체력이 길러질 수 있음을 안내합니다.

3-2 민첩성 놀이 Ⅱ

준비물 : 풍선공(탱탱볼)

적용학년 : 저 중 고

배구의 언더핸드토스와 오버핸드토스 연습을 통해 민첩성을 기르는 놀이입니다.

영역: 경쟁 - 네트형 게임 - 배구형 게임

놀이방법

1) 3명씩 한 모둠으로 구성합니다.
2) 정해진 구역에 모둠원이 들어가서 풍선공을 한 개 들고 섭니다.
3) 한 친구가 풍선공을 쳐 올려 게임을 시작합니다.
4) 풍선공이 바닥에 닿기 전 모둠원이 차례대로 오버핸드 토스나 언더핸드 토스로 공을 쳐 올립니다.
5) 풍선공이 바닥에 닿으면 게임은 종료됩니다.
6) 가장 오래 동안 풍선공을 주고받은 모둠이 승리합니다.

TIP

- 게임장의 크기에 따라서 인원을 조정합니다.
- 언더핸드 또는 오버핸드 패스를 정확하게 할 수 있도록 지도합니다.

실내놀이

3-3 8개의 콩을 주어라

준비물 : 콩주머니, 훌라후프 적용학년 : 저 중 고

8방향에 콩주머니를 가장 빠른 시간 내에 놓고, 다시 들고 오는 놀이입니다.

영역: 건강 - 여가와 운동체력 - 운동체력(민첩성) 증진활동

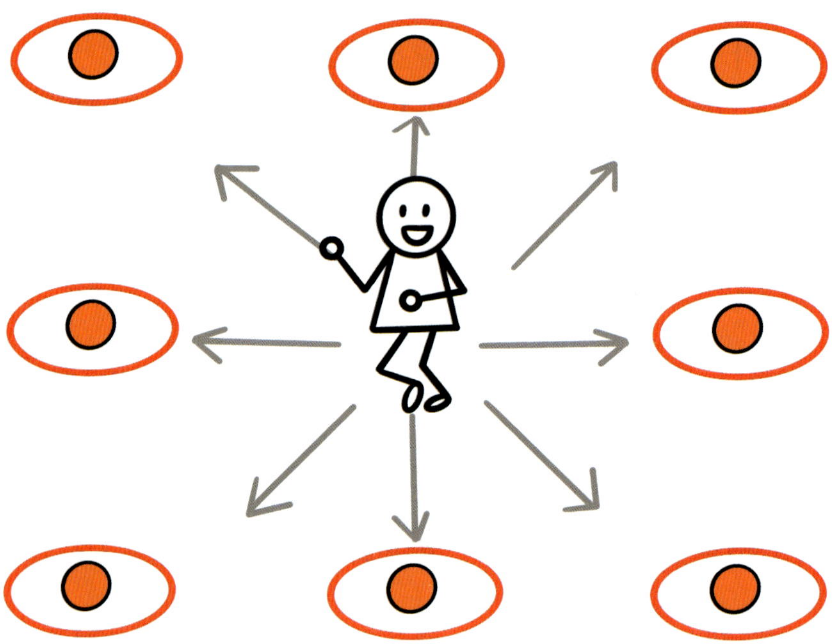

놀 이 방 법

1) 가운데를 중심으로 일정한 간격으로 훌라후프를 8개 놓습니다.
2) 가운데에 콩 주머니 8개를 놓고 학생은 가운데에 대기합니다.
3) 시작 신호와 함께 콩 주머니 8개를 한번에 1개씩만 들고 8방향에 있는 훌라후프 안에 각각 놓습니다.
4) 다음으로 콩주머니를 가운데 있던 자리에 1개씩 가지고 옵니다.
5) 동작을 끝낸 시간을 측정하여 친구들과 비교해봅니다.

TIP

콩주머니 대신 배드민턴 콕이나 접시콘 등을 활용할 수 있습니다.

3-4 실내화 잡기 놀이

준비물 : 실내화

적용학년 : 저 중 고

민첩한 동작으로 가운데 놓인 실내화를 먼저 잡는 놀이입니다.

영역: 건강 - 여가와 운동체력 - 운동체력(민첩성) 증진활동

놀이방법

1) 두 명이 마주본 상태에서 가운데 실내화를 하나 내려놓습니다.
2) 선생님이 '머리', '어깨', '무릎' 등 신체 부위를 말하면 두 손을 해당 신체 부위에 갖다 댑니다.
3) 선생님이 "실내화"라고 외치면 앞에 놓인 실내화를 빨리 잡습니다.
4) 먼저 실내화를 잡은 친구가 승리하며, 2~3번의 활동을 하고 파트너를 바꾸어 놀이를 진행합니다.

TIP

- 동시에 실내화를 잡은 경우 실내화를 뺏으려고 당기지 않도록 주의를 주의합니다.
- 동시에 실내화를 잡은 경우 다시 경기를 진행합니다.

3-5 페이서 릴레이

준비물 : 라바콘

적용학년 : 저 중 고

주어진 시간 안에 모둠원 모두 반환점을 돌고 오는 게임입니다.

영역: 건강 - 여가와 운동체력 - 운동체력(순발력) 증진활동

놀 이 방 법

1) 모둠별로 반환점을 바라보고 출발선에 한 줄로 섭니다.
2) 출발신호와 함께 모둠원이 릴레이로 주어진 시간 안에 반환점을 돌아 옵니다.
3) 처음에는 시간을 충분히 주다가, 시간을 점점 짧게 합니다.
4) 주어진 시간 내에 돌아오지 못한 모둠원은 탈락합니다.
5) 마지막까지 남아있는 친구가 많은 모둠이 승리합니다.

TIP

- PAPS 왕복오래달리기(페이서) 측정 음원을 활용할 수 있고, 음원 준비가 어려울 경우 반복할수록 시간이 짧아지는 신호를 줍니다.
- 다음 주자와의 터치는 반드시 출발선 안쪽에서 이루어지도록 지도합니다.

3-6 판 뒤집기 놀이

준비물 : 앞면과 뒷면의 색깔이 다른 판

적용학년 : 저 중 고

정해진 시간동안 자신의 팀 색깔이 많이 보이도록 판을 뒤집는 놀이입니다.

영역: 건강 - 여가와 운동체력 - 운동체력(민첩성) 증진활동

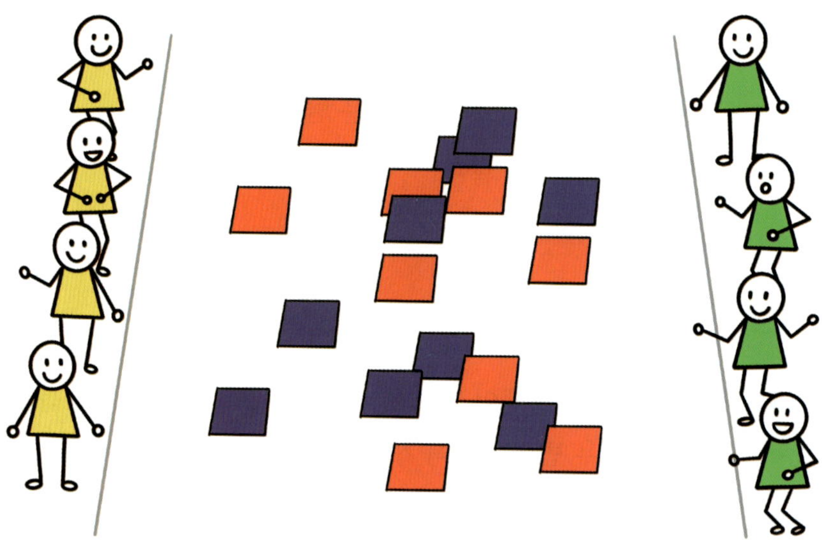

놀이방법

1) 앞면과 뒷면의 색이 다른 판을 같은 수만큼 바닥에 놓고, 두 팀은 출발선 앞에서 대기합니다.
2) 시작 신호를 듣고 자신의 팀 색이 보이도록 판을 뒤집습니다.
3) 판을 뒤집을 때 여러 장을 모아서 뒤집으면 안 되고, 한 번에 1장씩만 뒤집을 수 있습니다.
4) 정해진 시간동안 모둠의 색이 많이 보이면 승리합니다.

TIP

- 시작 전 판 끼리 너무 가까이 있으면 학생들이 충돌할 수 있으므로, 판의 간격을 충분히 떨어뜨립니다.

3-7 협동 스카프 잡기 놀이

준비물 : 스카프

적용학년 : 저 중 고

스카프를 자기 머리 위에 높이 던진 후, 빠르게 이동하여 다른 친구가 던진 스카프를 잡는 놀이입니다.

영역: 건강 - 여가와 운동체력 - 운동체력(순발력, 민첩성) 증진활동

놀 이 방 법

1) 스카프를 한 개씩 들고 모둠별로 원을 만들어 섭니다.
2) 신호에 맞춰 빠르게 스카프를 머리위로 높이 던지고 빠르게 이동하여 친구가 던진 스카프를 잡습니다.
3) 스카프를 던지고, 잡는 활동을 반복하여 처음 자신의 스카프 위치까지 도착합니다.
4) 모둠 친구들이 한 바퀴 도는 동안, 스카프를 적게 떨어뜨린 모둠이 승리합니다.

TIP

- 모둠 친구들의 간격이 너무 가까우면 충돌할 수 있으므로, 적당한 간격으로 위치할 수 있도록 안내합니다.
- 스카프를 던질 때 자기 머리 위 수직으로 높게 던지면 다음에 스카프를 잡는 친구가 쉽게 잡을 수 있습니다.

3-8 스카프 저글링 릴레이

준비물 : 스카프

적용학년 : 저 중 고

스카프를 번갈아 던지고 받으면서 반환점을 돌아오는 릴레이 놀이입니다.

영역: 건강 - 여가와 운동체력 - 운동체력(순발력, 민첩성, 유연성) 증진활동

도전 - 속도 도전- 이어달리기

놀 이 방 법

1) 모둠별로 출발선에 서고, 첫 번째 친구는 2개의 스카프를 가지고 있습니다.
2) 출발 신호와 함께 2개의 스카프를 양 손으로 저글링을 하면서 반환점을 돌아옵니다.
3) 스카프를 다음 친구에게 전달하면 같은 방식으로 계속 릴레이 경기를 진행합니다.
4) 마지막 친구가 가장 빨리 출발선에 돌아오는 모둠이 승리합니다.

TIP

학생들의 수준을 고려하여 한 손을 사용하거나 거리를 조절할 수 있습니다.

3-9 스카프를 지켜라

준비물 : 훌라후프, 스카프

적용학년 : 저 중 고

상대 모둠 훌라후프 안에 놓인 스카프를 자기 모둠 훌라후프로 가져오는 게임입니다.

영역: 건강 - 여가와 운동체력 - 운동체력(순발력) 증진활동

놀 이 방 법

1) 모둠별로 수비 1명은 자기 모둠 훌라후프 안에 들어가고 나머지 친구들은 공격이 되어 훌라후프 밖에 있습니다.
2) 시작신호와 함께 상대 모둠 훌라후프 안의 스카프를 자기 모둠 훌라후프로 가져옵니다.
3) 훌라후프 안에 있는 친구는 스카프를 가지러 온 상대 모둠 친구를 터치합니다.
4) 터치 되어 잡힌 친구는 정해진 지역에서 벌칙(예시-팔 벌려 높이뛰기 10회)을 수행하고 다시 경기에 참여합니다.
5) 정해진 시간동안 가장 많은 스카프를 모은 모둠이 승리합니다.

TIP

수비는 절대 바닥에 앉거나 스카프를 지키기 위해 손이나 발로 누르고 있으면 안 됩니다.

3-10 물병 세워 릴레이

준비물 : 페트병

적용학년 : 저 중 고

물이 들어있는 페트병을 던져서 세운 후 돌아오는 릴레이 게임입니다.

영역: 건강 - 여가와 운동체력 - 운동체력(순발력) 증진활동

놀 이 방 법

1) 반환점에 물이 반쯤 들어있는 페트병을 놓고 출발선에 모둠별 한 줄로 섭니다.
2) 출발신호와 함께 빠르게 달려가 페트병을 던져서 세웁니다.
3) 페트병이 세워지지 않으면 성공할 때까지 반복하고, 성공하면 출발선으로 돌아와 다음 친구와 교대합니다.
4) 마지막 친구가 페트병 세우기를 성공하고 가장 빨리 돌아온 모둠이 승리합니다.

TIP

페트병을 모둠에게 준 후 연습할 시간을 부여하여 페트병을 가장 잘 세울 수 있는 물의 양을 조절하도록 합니다.

3-11 물컵 채워 릴레이

준비물 : 수조, 플라스틱컵

적용학년 : 저 중 고

플라스틱 컵으로 최대한 많은 물을 옮기는 릴레이 게임입니다.

영역: 건강 - 여가와 운동체력 - 운동체력(순발력, 유연성) 증진활동

놀 이 방 법

1) 모둠별로 출발선에 한 줄로 서고, 첫 번째 친구는 플라스틱 컵을 듭니다.
2) 출발 신호와 함께 빠르게 수조가 있는 곳으로 달려가 플라스틱 컵에 물을 담아 최대한 흘리지 않고 돌아와 자기 모둠 수조에 담습니다.
3) 컵을 다음 친구에게 전달하면 같은 방식으로 계속 릴레이 경기를 진행합니다.
4) 가장 빨리 자기편 수조에 정해진 위치까지 물을 먼저 채운 모둠이 승리합니다.

TIP

빨리 달리는 것도 중요하지만 물을 흘리지 않고 많은 양의 물을 운반하는 것이 더 중요함을 안내합니다.

3-12 스피드 터널 탈출

준비물 : 매트

적용학년 : 저 중 고

친구들과 협동하여 몸으로 다리를 만들고 그 아래로 친구들이 통과하는 게임입니다.

영역: 건강 - 성장과 건강체력 - 건강체력 증진활동(근력 및 근지구력)

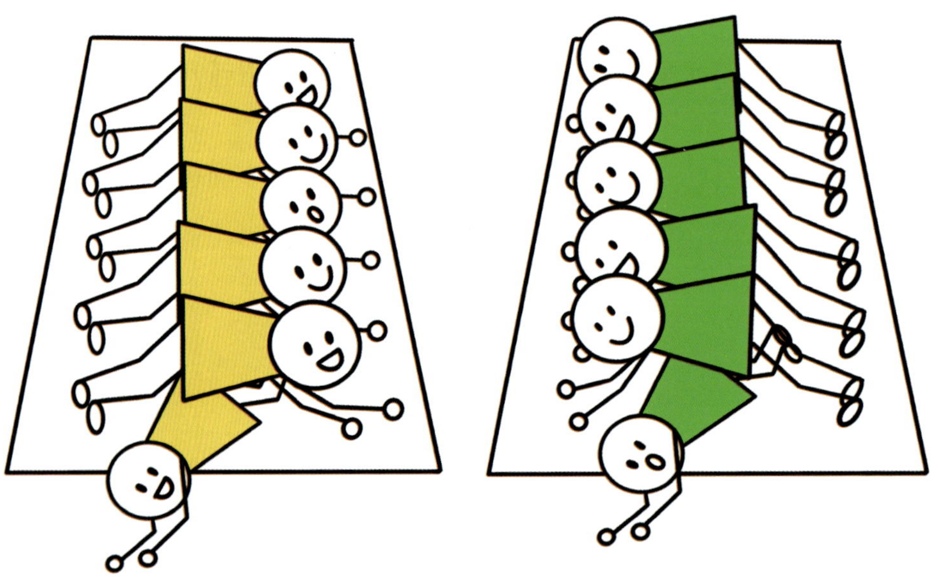

놀 이 방 법

1) 모둠별로 매트를 준비하고 그 위에 모두 매트 위에 터널을 만듭니다.
2) 시작 신호와 함께 첫 번째 친구가 친구들이 만든 터널을 통과한 후 다시 터널을 만듭니다.
3) 다음 친구도 같은 방법으로 터널을 통과한 후 다음 터널을 만듭니다.
4) 가장 빨리 마지막 친구가 터널을 통과한 모둠이 승리합니다.

TIP

- 반드시 매트 위에서 실시하여 부상을 방지합니다.
- 친구가 터널을 완전히 통과한 뒤, 새로운 터널을 만들고 다음 친구가 출발합니다.

3-13 방 바꾸기 놀이

준비물 : 원마커

적용학년 : 저 중 고

원마커의 색에 따라 서로 방을 바꾸는 놀이입니다.

영역: 건강 - 여가와 운동체력 - 건강체력 증진활동(민첩성, 평형성)

놀 이 방 법

1) 술래는 원 가운데에 서고, 나머지 친구들은 원마커(방)에 서고 자신의 색을 확인합니다.
2) 원마커의 수는 전체 술래를 포함한 전체 학생 수보다 1개 적어야 하며, 3~4가지 색 원마커를 준비합니다.
3) 술래가 "색깔(예를 들면, 노랑색)!"을 외치면 술래와 해당 색깔(노랑색)의 원마커(방)에 있는 친구들은 밖으로 나와 다른 원마커(방)로 가야 합니다.
4) 방에 들어가지 못한 친구가 술래가 되어 계속 게임을 진행합니다.
5) 술래가 "무지개"를 외치면 모든 친구들이 방을 바꿔 이동해야 합니다.

TIP

- 원마커로 이동하는 과정에서 서로 손으로 밀치지 않도록 주의해야 합니다.
- 동시에 원마커를 밟은 경우 가위 바위 보를 합니다.

3-14 점프 트위스트

준비물 : 점프 트위스트　　적용학년 : 저 중 고

점프 트위스트 회전시키며 뛰어 다른 친구들의 줄이 멈추도록 하는 게임입니다.

영역: 건강 - 성장과 건강체력 - 건강체력 증진활동(근지구력, 유연성)

놀 이 방 법

1) 발목에 점프 트위스트를 연결합니다.
2) 점프 트위스트를 지면에 회전시키며 뛰어 넘습니다.
3) 친구들의 줄 길이와 자신의 줄 길이를 고려하여 공격합니다.
4) 먼저 줄이 멈추게 하는 쪽이 승리합니다.

TIP

- 모둠별 점프 트위스트 릴레이 놀이로 변형시켜 진행할 수 있습니다.
- 너무 가까이 가서 상대 친구의 발을 맞추지 않도록 지도합니다.

3-15 훌라후프 파도타기

준비물 : 훌라후프

적용학년 : 저 중 고

손을 잡은 상태에서 훌라후프를 옆으로 빨리 이동시키는 모둠이 승리하는 게임입니다.

영역: 건강 - 성장과 건강체력 - 건강체력 증진활동(유연성)

놀 이 방 법

1) 모둠별로 옆으로 나란히 섭니다.
2) 첫 번째 친구가 훌라후프를 손으로 들어 옆에 친구에게 전달합니다. 이때, 잡은 손을 놓으면 안 됩니다.
3) 훌라후프를 받은 친구는 마찬가지로 옆으로 전달하고, 끝에 있는 친구에게 전달된 훌라후프를 반대방향으로 다시 전달합니다.
4) 훌라후프가 처음 친구에게 먼저 도착한 팀이 승리합니다.

TIP

훌라후프를 전달하는 과정에서 얼굴에 훌라후프를 맞을 수 있으므로 주의합니다.

3-16 거미줄 피하기

준비물 : 높이뛰기대, 매트, 고무줄

적용학년 : 저 중 고

높이뛰기대를 이용하여 여러 고무줄을 연결시킨 후 그 고무줄 사이를 통과하는 게임입니다.

영역: 건강 - 성장과 건강체력 - 건강체력 증진활동(유연성)

놀 이 방 법

1) 높이뛰기대에 5-6개의 고무줄로 거미줄을 만듭니다.
2) 모둠별로 거미줄을 통과하여 반대편으로 이동합니다.
3) 거미줄을 먼저 통과한 친구의 도움을 받아 거미줄을 통과합니다.
4) 거미줄에 걸리지 않고 많이 살아서 넘어간 모둠이 승리하는 놀이입니다.

TIP

학년 수준에 따라 거미줄 개수를 조절할 수 있습니다.

3-17 신문지 다리만들기

준비물 : 신문지

적용학년 : 저 중 고

신문지를 자르거나 찢어서 긴 다리를 만드는 놀이입니다.

영역: 건강 - 여가와 운동 방법 - 놀이 여가 활동

놀이방법

1) 1명당 신문지 1장을 갖고, 신문지를 찢거나 이어 붙여서 최대한 길게 만듭니다.
2) 완성된 신문지로 2명씩 길이를 대결합니다. 이긴 친구는 진 친구의 신문지를 자신의 신문지와 이어붙이고, 이긴 친구의 이름을 붙인 ○○○ 다리를 만듭니다.
3) 그 다음, 2개의 신문지를 이은 친구들끼리 만나 신문지의 길이를 비교하고 신문지를 연결하는 과정을 반복합니다.
4) 마지막에 최종 2개의 신문지 다리를 만들어 길이를 비교하여, 길이가 더 긴 친구의 신문지다리가 최종 승리합니다.

TIP

놀이에 사용된 신문지는 버리지 말고, 뭉쳐서 테이프로 감아 공으로 이용할 수 있습니다.

3-18 접시콘 승부차기

준비물 : 접시콘

적용학년 : 저 중 고

팔굽혀펴기 자세로 접시콘을 상대편 골대로 넣는 게임입니다.

영역: 건강 - 여가와 운동 방법 - 기초체력 증진활동(팔굽혀펴기)

놀 이 방 법

1) 두 명이 마주보고 팔굽혀 펴기 자세를 취한 후 손바닥 바깥쪽에 두 개의 접시콘으로 골대를 만듭니다.
2) 가위 바위 보하여 먼저 공격할 친구를 정하고, 공격할 친구가 접시콘을 한 손으로 잡아 상대방의 팔 사이로 던져서 넣습니다.
3) 수비하는 친구는 손으로 접시콘을 막습니다.
4) 공격과 수비를 바꿔가며 정해진 시간 동안 더 많은 골을 성공한 친구가 승리합니다.

TIP

학생들의 수준을 고려하여 무릎을 바닥에 대고 게임을 진행할 수 있습니다.

3-19 모둠 저글링

준비물 : 공

적용학년 : 저 중 고

원 대형으로 서서 술래를 피해 공을 주고받는 놀이입니다.

영역: 건강 - 여가와 운동 방법 - 운동체력 증진활동(민첩성, 협응성)

놀 이 방 법

1) 모둠원은 원 대형으로 서고 원 안에 술래가 한 명 들어갑니다.
2) 모둠원은 양옆을 제외하고 다른 모둠원에게 3초 이내에 공을 패스합니다.
3) 공을 패스하는 동안 공이 땅에 떨어지면 공을 잡지 못한 모둠원이 술래가 됩니다.
4) 술래가 공을 쳐내거나 잡으면 공을 던진 친구가 술래가 됩니다.

TIP

- 원의 크기를 수준에 따라 조정합니다.
- 공을 주고받는 운동 기능 수준이 낮은 학생은 바운드 패스를 하거나 공을 굴릴 수 있습니다.

실내놀이

3-20 두 손 잡고 구르기

준비물 : 매트

적용학년 : 저 중 고

짝과 함께 두 손을 잡고 빠르게 구르는 릴레이 게임입니다.

영역: 건강 - 여가와 운동 방법 - 운동체력 증진활동(유연성, 협응성)

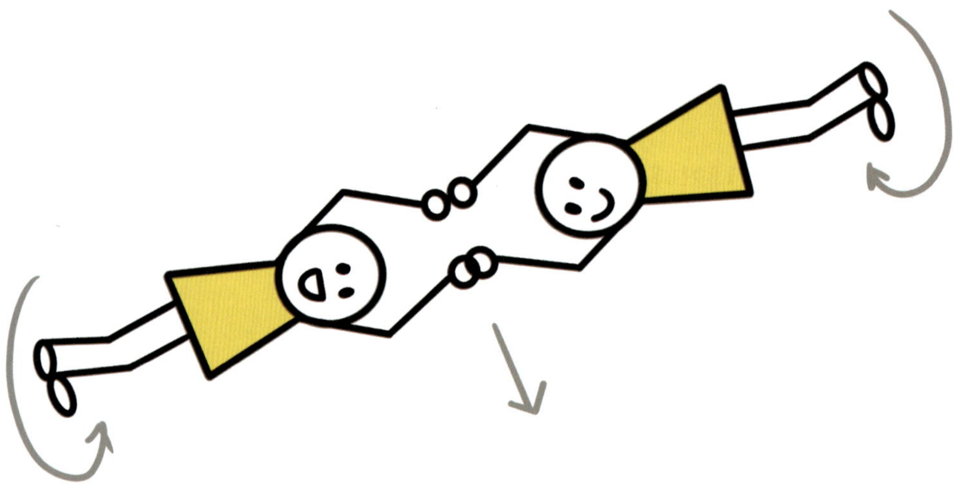

놀 이 방 법

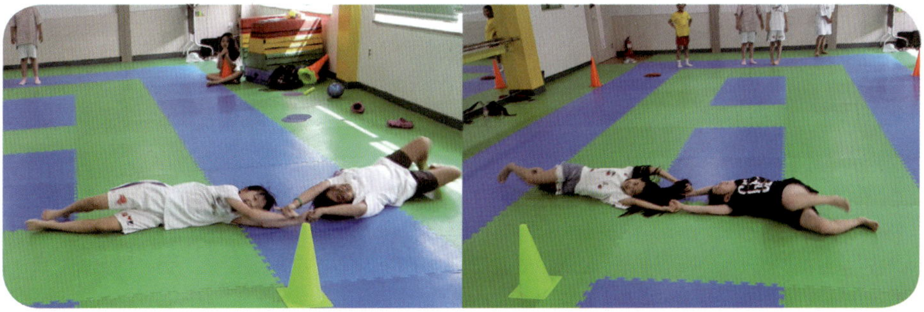

1) 모둠별로 2명씩 짝을 이루어 서로 양손을 잡은 후 바닥에 누워있습니다.
2) 출발 신호와 함께 반환점까지 빠르게 굴러갑니다.
3) 반환점에 도착하면 일어나서 출발선으로 돌아와 다음 친구들과 터치합니다.
4) 같은 방법으로 놀이를 진행하고 마지막 친구들이 가장 먼저 들어온 모둠이 승리합니다.

TIP

- 충분한 준비운동을 통하여 구르기 활동 중 멀미를 일으키지 않도록 합니다.
- 부드러운 바닥이 있는 곳이나 매트위에서 진행합니다.

3-21

친구와 함께 균형 잡기

준비물 : 훌라후프

적용학년 : 저 중 고

서로 등을 맞대고 앉아 팔짱을 낀 상태에서 등을 밀면서 일어서는 게임입니다.

영역: 건강 - 성장과 건강체력 - 건강체력 증진활동(근지구력)

놀이방법

1) 2~3명이 한 모둠을 만들어 서로 등을 맞대고 팔짱을 낀 상태로 앉아 있습니다.
2) 앉아있는 상태에서 균형을 잡아 등을 밀면서 일어섭니다.
3) 일어선 후 천천히 다시 앉습니다.
4) 정해진 횟수(3~5회)를 빨리 성공한 모둠이 이기는 게임입니다.

TIP

- 준비운동과 충분한 연습을 통해 안전하게 활동을 진행합니다.
- 정해진 시간 동안 최고 기록에 도전하는 형태로 게임을 변형할 수 있습니다.

3-22

징검다리 줄넘기

준비물 : 개인줄넘기, 원마커　　적용학년 : 저 중 고

줄넘기로 모둠발 뛰기를 하면서 이동하여 되돌아오는 게임입니다.

영역: 건강 - 건강과 체력 - 체력 운동(줄넘기)

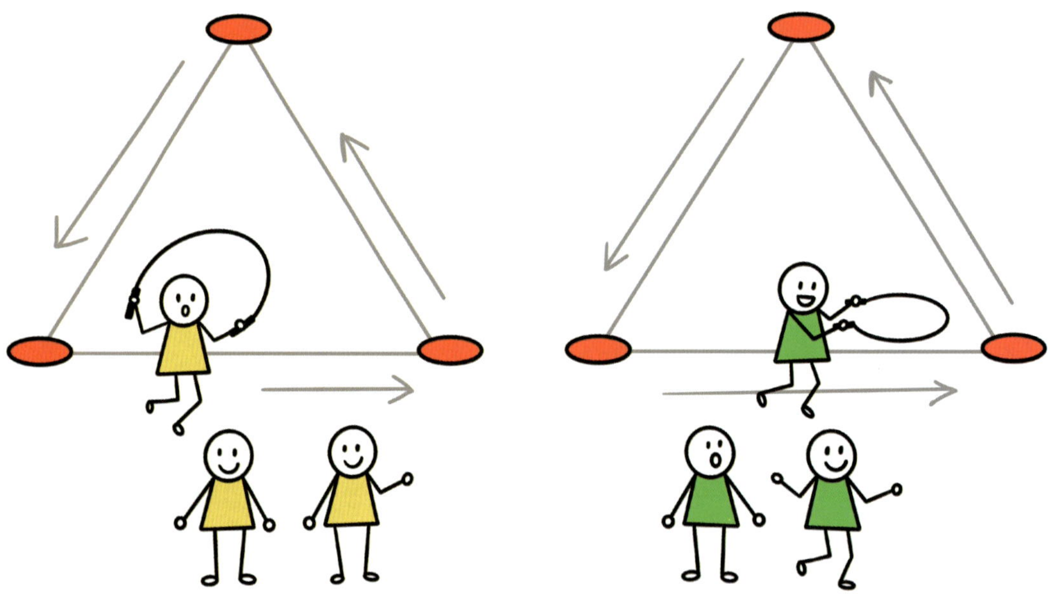

놀이방법

1) 원마커로 삼각형(또는 사각형)을 2개 만듭니다.
2) 출발 신호와 함께 줄넘기로 모둠발 뛰기를 하면서 출발합니다.
3) 줄넘기로 모둠발 뛰기를 하면서 삼각형을 한 바퀴 돌고난 후 도착하면 다음 친구가 이어서 출발합니다.
4) 릴레이 형식으로 삼각형을 돌아서 먼저 도착하는 팀이 승리합니다.

TIP

사각형, 원 등 다양한 도형 모양으로 게임을 변형할 수 있습니다.

3-23 동서남북 제기차기

준비물 : 제기

적용학년 : 저 중 고

동서남북으로 서서 제기를 주고받는 놀이입니다.

영역: 건강 - 여가와 운동방법 - 여가활동(제기차기)

놀 이 방 법

1) 4명씩 한 모둠을 구성하여 둥글게 마주 보고 섭니다.
2) 모둠별로 1개의 제기를 가집니다.
3) '동', '서', '남', '북'을 외치며 모둠원들이 제기를 이어서 찹니다.
4) 제기를 떨어뜨리면 처음부터 다시 시작합니다.
5) 제기를 연속하여 많이 찬 모둠이 승리합니다.

TIP

원의 간격이 좁으면 옆의 친구를 발로 찰 수 있으므로 간격을 충분히 넓혀줍니다.

3-24 돼지 씨름

준비물 : 없음

적용학년 : 저 중 고

돼지 씨름 자세로 원 안에서 상대를 넘어뜨리거나 원 밖으로 밀어내면 승리하는 게임입니다.

영역: 도전 - 표적/투기 도전 - 씨름

놀 이 방 법

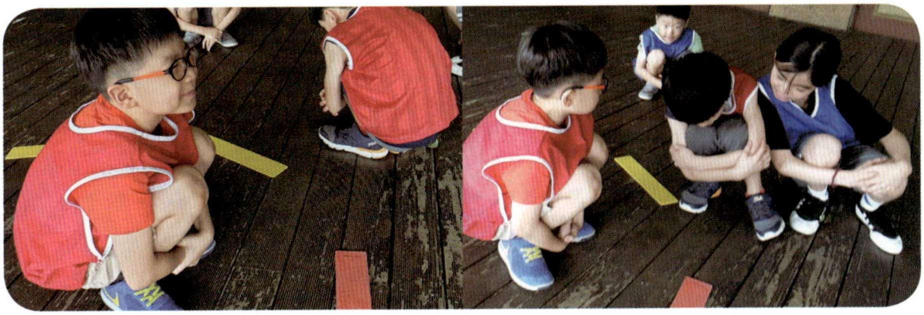

1) 두 팀으로 나누어 돼지씨름 자세를 준비합니다.
2) 팀별로 왕 역할을 정합니다. 왕은 작은 원 밖으로 나갈 수 없습니다.
3) 시작신호와 함께 왕을 보호하면서 돼지씨름 자세로 상대팀을 밀어냅니다.
4) 상대팀 왕을 쓰러트리면 승리합니다.
5) 놀이 중 넘어지거나 손이 풀리면 경기장 밖(감옥)으로 나가서 60초를 세고, 경기장 안으로 다시 들어옵니다.

TIP

- 엉덩이나 등으로 상대방을 밀어야 하며, 손이나 발을 사용하지 않도록 안전교육을 실시합니다.
- 공간을 작게 하여 난이도를 조정할 수 있습니다.

3-25 내가 바로 대왕 닭

준비물 : 없음

적용학년 : 저 중 고

닭싸움하면서 비밀 대왕 닭을 넘어트리면 승리하는 게임입니다.

영역: 도전 - 표적/투기 도전 - 씨름

놀이방법

1) 모둠 별로 비밀 대왕 닭을 정합니다.
2) 시작신호와 함께 대왕 닭을 보호하면서 닭싸움을 합니다.
3) 상대편 대왕 닭을 먼저 쓰러트리는 모둠이 승리합니다.

실내놀이

TIP

- 손으로 밀거나 위험한 행동을 하지 않도록 안전교육을 실시합니다.
- 대왕 닭이 넘어진 닭을 터치하면 다시 출발점에서 부활할 수 있는 방법 등 새로운 규칙을 적용하여 게임을 진행할 수 있습니다.

3-26 쭈그려 단체 스모

준비물 : 없음

적용학년 : 저 중 고

앉아서 양팔을 다리 사이에 끼운 채로 상대방을 밀어내는 스모 게임입니다.

영역: 건강 - 도전 - 표적/투기 도전 - 씨름

놀 이 방 법

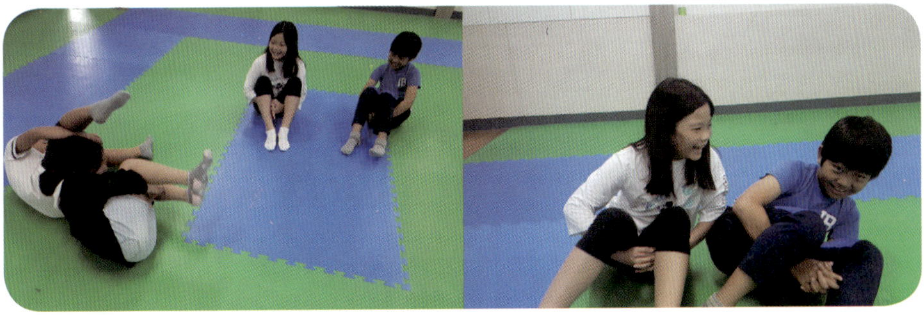

1) 두 모둠으로 나눈 후 원 안에서 대기합니다.
2) 시작 신호와 함께 앉아서 양 팔을 다리 사이에 끼웁니다.
3) 어깨를 사용하여 상대편을 밀어냅니다.
4) 팔이 풀어지거나 몸이 기울어져 땅에 닿으면 아웃이 됩니다. 또한 선을 밟아도 아웃이 됩니다.
5) 제한 시간 안에 많이 살아남은 모둠이 승리합니다.

TIP

- 학생들이 모두 원 안으로 들어간 후 게임을 시작합니다.
- 원 구역 중 유리한 구역(중앙)을 선점할 수 있는 방법을 학생들이 찾도록 안내합니다.

3-27 멀리뛰기 릴레이

준비물 : 원마커

적용학년 : 저 중 고

모둠원들이 제자리 뛰기를 이어서 실시한 후 거리를 측정하는 게임입니다.

영역: 도전 - 거리 도전 - 멀리뛰기

놀이방법

1) 모둠을 나누어 출발선 앞에 섭니다.
2) 첫 번째 학생이 제자리 멀리 뛰기를 합니다.
3) 두 번째 학생은 첫 번째 학생이 뛴 자리에 원마커를 놓고, 이어서 제자리 멀리 뛰기를 합니다.
4) 팀원 전체가 반복하여 가장 멀리 간 모둠이 승리하는 놀이입니다.

TIP

한 번 뛰는 것으로 종료되는 것이 아니라 이어서 다시 2번, 3번 뛰는 횟수를 늘리는 놀이도 할 수 있습니다.

3-28 원마커 개구리 뛰기

준비물 : 원마커

적용학년 : 저 중 고

주자가 건널 수 있게 원마커를 놓아주면 그 곳을 밟고 빨리 반환점을 돌아오는 게임입니다.

영역: 도전 - 거리 도전 - 멀리뛰기

놀이방법

1) 3~4명씩 한 모둠으로 정하고 출발선에 한 줄로 섭니다.
2) 첫 번째 친구를 제외한 나머지 친구들은 손에 원마커를 하나씩 가지고 출발 준비를 합니다.
3) 출발신호와 함께 첫 번째 친구는 다른 친구들이 놓아주는 원마커를 밟으며 최대한 빨리 반환점을 돌아옵니다. 이때, 원마커를 한발로만 밟고 이동할 수 있습니다.
4) 출발선에 돌아오면 두 번째 친구가 출발하고 나머지 친구들은 다시 원마커를 이동시켜 내려놓습니다.
5) 마지막 주자가 먼저 돌아온 모둠이 승리합니다.

TIP

원마커 숫자를 조절하여 난이도 조절을 할 수 있습니다.

3-29 훌라후프 개구리 뛰기

준비물 : 훌라후프

적용학년 : 저 중 고

친구의 몸 위로 훌라후프를 통과하여 앞으로 던져주면 그 곳을 통과하여 빨리 반환점을 돌아오는 게임입니다.

영역: 도전 - 거리 도전 - 멀리뛰기

놀 이 방 법

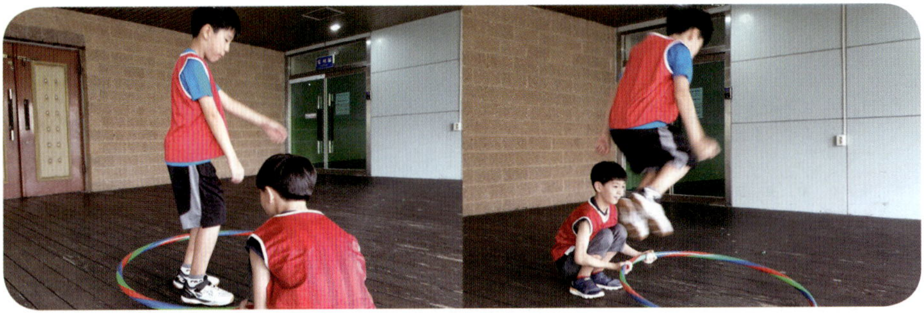

1) 2명씩 짝을 정하고 한명은 개구리, 다른 한명은 훌라후프 징검다리가 됩니다.
2) 출발신호와 함께 훌라후프를 내려놓으면 개구리는 제자리 뛰기로 훌라후프 안에 들어갑니다.
3) 징검다리는 훌라후프를 위로 올려서 앞으로 놓고 개구리는 제자리뛰기를 하여 이동합니다.
4) 같은 방법으로 이동해서 반환점에 도착하면 역할을 교대합니다.
5) 먼저 출발선에 도착한 팀이 승리합니다.

TIP

훌라후프를 이동시킬 때 친구의 몸을 치지 않도록 주의 합니다.

3-30 플레이스틱 개구리 뛰기

준비물 : 플레이스틱

적용학년 : 저 중 고

모둠이 협력하여 주자가 건널 수 있게 플레이스틱을 뛰어 넘으면서 빨리 반환점을 돌아오는 게임입니다.

영역: 도전 - 거리 도전 - 멀리뛰기

놀 이 방 법

1) 3명이 한 팀이 되어 한명은 개구리, 다른 두 명은 플레이스틱 이동 도우미가 됩니다.
2) 출발신호와 플레이스틱을 내려놓으면 개구리는 두발로 뛰어 넘고 도우미는 플레이스틱을 뒤에서 앞으로 이동시킵니다.
3) 같은 방법으로 이동해서 반환점을 돌아 출발선에 도착하면 역할을 교대합니다.
4) 3명이 모두 실시한 후에 가장 먼저 도착한 팀이 승리합니다.

TIP

플레이스틱을 친구가 한 번에 넘을 수 있는 적절한 거리에 두어야 합니다.

3-31 미션 페이서

준비물 : 접시콘

적용학년 : 저 **중** **고**

왕복오래달리기(페이서) 음악과 신호음에 따라 다양한 미션을 수행하며 체력을 기르는 게임입니다.

영역: 도전 - 성장과건강체력 - 건강체력 증진활동(심폐지구력)
표현 - 움직임 표현
도전 - 속도 도전 - 오래달리기 및 걷기

1단계 : 악수하기
2단계 : 하이파이브
3단계 : 점프 배치기
4단계 : 팔짱끼고 점프
5단계 : 어깨동무 점프
6단계 : 팔짱끼고 돌기
7단계 : 어깨동무 돌기

놀 이 방 법

1) 페이서 음악의 신호음에 따라 짝과 마주면서 각자의 출발선에서 출발 합니다.
2) 중앙선 지점에서 만나서 단계별 미션을 실시한 후 출발선으로 돌아옵니다.
3) 정해진 시간 내에 미션을 실시하고 출발선에 돌아오지 못하면 아웃 됩니다.
4) 마지막 단계까지 성공한 친구들이 승리합니다.

TIP

- 미션의 난이도와 왕복 거리를 조절하여 운영할 수 있습니다.
- 미션을 수행할 수 있도록 옆 사람과의 간격을 조절합니다.

3-32 동서남북 릴레이

준비물 : 바톤, 접시콘

적용학년 : 저 중 고

4팀으로 나누어 원형 달리기 코스를 이어 달리기 게임입니다.

영역: 도전 - 속도 도전 - 이어달리기

놀 이 방 법

1) 네 팀을 나눠 동서남북 지점에서 한 줄로 섭니다.
2) 시작신호와 함께 각 팀의 첫 번째 주자는 원을 한 바퀴 돈 후 다음 주자에게 바톤을 전달합니다.
3) 다음 주자도 한 바퀴를 돌고 다음 주자에게 바톤을 전달합니다.
4) 동서남북 각 팀의 마지막 주자들이 한 바퀴를 돌고 경기장 중앙에 있는 선생님에게 바톤을 먼저 전달하면 승리하는 놀이입니다.

TIP

- 달리는 주자 이외에 다른 주자들은 원 안에서 대기합니다.
- 바톤 터치 대신에 손 터치로 할 수도 있으며, 중간 중간에 낮은 허들을 활용하여 장애물 이어달리기로 변형 할 수 있습니다.

3-33 숫자 릴레이

준비물 : 라바콘, 숫자팀조끼　　적용학년 : 저 중 고

선생님이 부르는 번호의 주자가 배턴을 이어받아 뛰는 릴레이 이어달리기 게임입니다.

영역: 도전 - 속도 도전 - 이어달리기

놀 이 방 법

1) 4팀으로 나누고 팀원들에게 번호를 부여합니다.
2) 모둠별로 1명씩 번호 순으로 가벼운 조깅으로 이어달리기를 합니다.
3) 모든 모둠원들이 1~2바퀴 조깅을 완료하면, 선생님은 신호와 함께 번호를 부릅니다.
4) 부른 번호에 해당하는 모둠원은 조깅을 시작합니다.
5) 번호에 해당하는 주자는 빨리 한 바퀴를 돌고, 중앙에 있는 선생님께 배턴 전달합니다.

TIP

천천히 달리기나 빠르게 달리기 등 달리는 속도를 달리하여 할 수도 있습니다.

3-34 터치터치 릴레이

준비물 : 없음

적용학년 : 저 중 고

순서대로 손을 잡고 반대쪽 벽을 터치해서 돌아오는 이어달리기 게임입니다.

영역: 도전 - 속도 도전 - 이어달리기

놀이방법

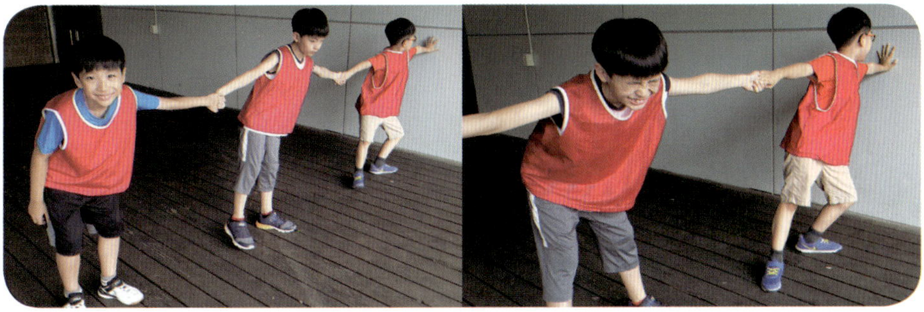

1) 4~5명이 한 팀이 되고, 달리는 순서를 정합니다.
2) 1번 주자는 출발선에서 반대쪽 벽을 터치하고 돌아옵니다.
3) 그 다음, 1번 주자는 2번 주자의 손을 잡고 함께 달리며, 2번 주자가 벽을 터치하고 돌아옵니다.
4) 2번 주자는 3번 주자의 손을 잡고 달리며, 1~3번 주자가 손을 잡은 채로 달리다가 3번 주자가 다시 벽을 터치하고 돌아옵니다.
5) 같은 방식으로 5번 주자까지 손을 잡고, 5번 주자가 벽을 터치를 한 후 5명이 모두 출발선에 도착하면 승리합니다.

TIP

- 1번 주자가 가장 많이 달리기 때문에 지구력이 좋은 친구가 1번 주자를 하도록 하며, 여러 경기를 할 경우 1번 주자의 역할을 바꿀 수 있도록 합니다.
- 각 팀별 간격을 충분히(8~10m) 떨어진 상태에서 게임을 진행합니다.

3-35 가위바위보 릴레이

준비물 : 접시콘, 팀조끼

적용학년 : 저 중 고

공격과 수비로 나누어 수비수와 만나면 가위 바위 보를 하여 이겨야 앞으로 나아가는 이어달리기 놀이입니다.

영역: 도전 - 속도 도전 - 이어달리기

놀 이 방 법

1) 두 팀으로 나누어 한 명씩 출발선에 대기합니다.
2) 4모퉁이에 수비구역을 만들고 각 팀의 수비수는 1명씩 각 모퉁이에서 대기합니다.
3) 출발 신호와 함께 각 팀 첫 번째 주자가 달려가고 모퉁이에 다다르면 다른 팀의 수비수와 가위 바위 보를 합니다.
4) 주자는 수비수를 이겨야 앞으로 나가갈 수 있으며, 이길 때까지 계속 가위 바위 보를 합니다.
5) 마지막 주자까지 트랙을 모두 돌아온 팀이 승리합니다.

TIP

수비수를 잡거나 충돌하지 않도록 모퉁이에 다다르면 속도를 줄입니다.

3-36 깃발 뽑기 달리기

준비물 : 깃발

적용학년 : 저 중 고

신호에 따라 재빨리 일어나 깃발을 향해 달려가서 깃발을 뽑아오는 게임입니다.

영역: 도전 - 속도 도전 - 단거리달리기

놀이 방법

1) 세 팀으로 나누어 한 명씩 출발선에 엎드려 대기합니다.
2) 깃발의 반대 방향을 보고 엎드려 있다가 출발 신호에 따라 재빨리 일어나 깃발을 향해 달립니다.
3) 깃발을 먼저 뽑은 모둠이 1점을 얻으며, 모둠원들의 점수를 모두 더하여 점수가 가장 높은 모둠이 이깁니다.

TIP

- 출발 및 깃발의 간격을 벌려 안전사고에 주의 합니다.
- 깃발을 먼저 뽑은 모둠이 1점을 얻고, 마지막 모둠 대결에서는 3점 깃발 대결을 실시하여 긴장감을 높일 수 있습니다.
- 깃발을 뽑은 친구들끼리 토너먼트식으로 대결하여, 깃발 뽑기 올림픽으로 진행할 수도 있습니다.

3-37 협동 손가락 릴레이

준비물: 30cm 자, 라바콘

적용학년 : 저 중 고

검지만을 이용하여 자를 들고 달리는 이어달리기 게임입니다.

영역: 도전 - 속도 도전 - 이어달리기

놀이방법

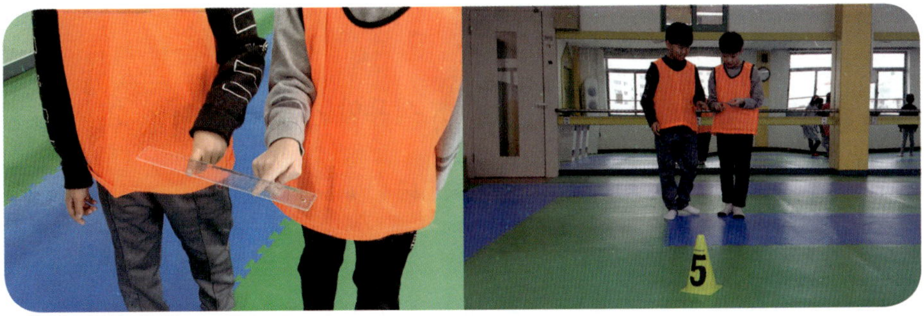

1) 모둠별로 두 명씩 짝을 지어 출발선에 섭니다.
2) 짝과 함께 검지 위에 자를 올려놓습니다.
3) 출발신호와 함께 자를 검지에 올린 상태에서 출발하여 반환점을 돌아오고 다음 사람들에게 자를 넘겨줍니다.
4) 자를 떨어뜨리면 그 자리에서 다시 출발합니다.
5) 마지막 주자가 먼저 들어온 모둠이 승리합니다.

TIP
다양한 방법으로 연습 후 짝과 가장 안정적인 자세로 도전합니다.

3-38 운명의 셔틀콕

준비물 : 배드민턴 콕

적용학년 : 저 중 고

배드민턴 콕을 던져서 콕의 머리 부분이 가리키는 방향의 모둠은 잡으러가고, 반대쪽 모둠은 도망가는 게임입니다.

영역: 도전 - 속도 도전 - 단거리 달리기
건강 - 여가와 운동 체력 - 운동체력 증진활동(순발력)

놀이방법

1) 반 전체를 2개 팀으로 나누고 중앙에서 서로 마주보고 섭니다.
2) 중앙에서 선생님이 콕을 공중으로 던져 콕의 머리 부분이 향하는 팀은 공격수가 되어 상대편을 잡으러 갑니다.
3) 떨어진 반대방향 팀은 안전지대로 도망을 갑니다.
4) 도망가지 못하고 잡힌 아동은 상대 팀의 포로가 됩니다.
5) 먼저 상대팀 친구들을 모두 포로로 만든 팀이 승리합니다.

TIP

- 잡으러 갈 때 지나치게 세게 치거나, 밀지 않도록 안전교육을 실시합니다.
- 주사위의 홀수와 짝수 또는 딱지의 앞면과 뒷면을 이용하여 경기를 진행할 수 있습니다.

3-39 하나 되어 달리기

준비물 : 공 또는 풍선

적용학년 : 저 중 고

2명이 한 팀이 되어 공을 신체부위로 고정하여 반환점을 돌아오는 게임입니다.

영역: 도전 - 속도 도전 - 이어달리기

놀이방법

1) 2명이 한 팀이 되어 선생님이 제시한 신체부위(머리, 어깨, 팔꿈치 등)로 공을 고정합니다.
2) 공을 신체 부위에 접촉시킨 상태에서 빨리 반환점을 돌아와 다음 주자에게 넘겨줍니다.
3) 달리는 중 공을 떨어뜨리면 떨어진 장소로 이동한 후 다시 출발합니다.
4) 반환점을 먼저 돌아오는 팀이 승리합니다.

TIP

여러 신체부위를 정해준 후 각 모둠별 효과적인 전략을 짤 수 있는 시간을 줄 수 있습니다.

3-40 실내 바이애슬론

준비물 : 고리던지기, 라바콘 적용학년 : 저 중 고

동계올림픽 종목인 바이애슬론을 고리던지기와 달리기로 변형시킨 게임입니다.

영역: 도전 - 속도 도전 - 단거리 달리기
도전 - 표적/투기 도전 - 다트

놀이방법

1) 모둠별로 한 줄로 출발선에 섭니다.
2) 출발 신호와 함께 지정된 구역에서 고리 던지기를 합니다.
3) 2개의 고리를 모두 성공해야 하며, 실패 시 실패한 고리를 가져와 다시 시도 합니다.
4) 2개를 모두 성공하면 출발점으로 돌아가 다음 주자와 터치합니다.
5) 마지막 주자가 먼저 결승선에 도달하는 모둠이 승리합니다.

TIP

고리던지기를 플라잉디스크 표적 맞추기나 딱지 넘기기로 변형시켜 진행할 수 있습니다.

3-41 주사위 달리기

준비물 : 큰 주사위, 숫자라바콘　　적용학년 : 저 중 고

모둠원과 함께 던진 주사위 수의 위치를 모두 돌고오는 게임입니다.

영역: 도전 - 속도 도전 - 장애물달리기

놀 이 방 법

1) 모둠 친구들과 손을 잡고 출발선에 섭니다.
2) 시작 신호와 함께 주사위를 던진 후 나온 수에 맞는 숫자 라바콘을 손을 잡고 돌아오며, 출발선에서 다시 출발합니다.
3) 주사위의 1부터 6까지의 모든 숫자가 나올때까지 반복합니다.
4) 1부터 6까지의 모든 숫자 라바콘을 돌고 들어오는 모둠이 승리합니다.

TIP

- 손을 세게 잡아당기거나 다른 모둠과 충돌하지 않도록 안전교육을 실시합니다.
- 주사위로 홀수 또는 짝수만 나오기 등 다양한 미션으로 진행할 수 있습니다.

3-42 통통 릴레이

준비물 : 풍선, 라바콘

적용학년 : 저 중 고

손을 잡고 풍선을 튕기며 떨어뜨리지 않고 반환점을 돌아오는 게임입니다.

영역: 도전 - 속도, 거리 도전 - 장애물 달리기

놀 이 방 법

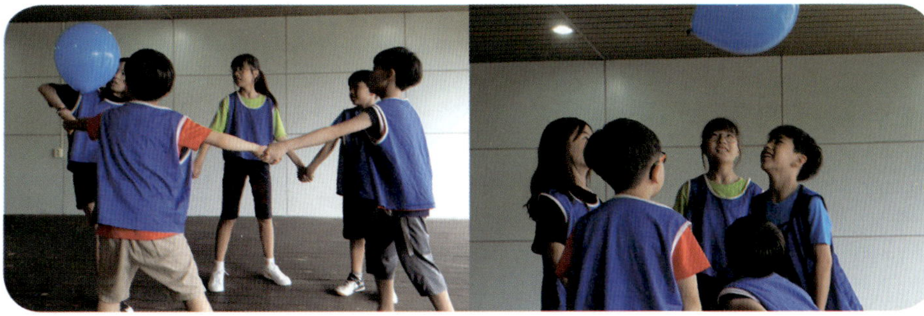

1) 모둠별로 손을 잡고 원을 만듭니다.
2) 출발신호와 함께 풍선을 튕기며 목표물을 향해 이동합니다.
3) 이동 도중 풍선이 바닥에 떨어지면 그 자리에서 다시 게임을 진행합니다.
4) 풍선은 반드시 튕겨야 하며 잡아서는 안 됩니다.
5) 목표물을 먼저 돌아오는 모둠이 승리합니다.

TIP

풍선을 둥글게 서서 끌어안고 목표물을 돌아오는 게임으로 변형할 수 있습니다.

3-43 깃발 빼기 달리기

준비물 : 깃발, 페트병

적용학년 : 저 중 고

인원수보다 한 개 적은 깃발을 향해 달려가서 잡는 게임입니다.

영역: 도전 - 속도 도전 - 단거리 달리기

놀 이 방 법

1) 모둠별로 출발선에 차례로 한 줄로 섭니다.
2) 모둠수보다 1 개(또는 2~3개) 적게 '깃발'을 앞에 놓습니다.
3) 출발 신호와 함께 달려가 깃발을 잡습니다.
4) 깃발을 못 잡은 학생은 탈락하며, 심판 역할을 합니다.
5) '깃발'의 갯수를 계속 줄여나가고 최종까지 살아남은 학생이 승리합니다.

TIP

- 깃발을 먼저 잡으려다가 서로 부딪힐 수 있으므로 주의해야 합니다.
- 깃발을 잡은 학생에게 1점을 주어 점수를 합산하는 방법으로 게임을 진행할 수 있습니다.

3-44 지구를 굴려라

준비물 : 훌라후프, 라바콘　　적용학년 : 저 중 고

훌라후프를 굴리면서 달리는 게임입니다.

영역: 도전 - 속도 도전 - 장애물 달리기

놀이 방법

1) 모둠별 출발선에 한 줄로 선 후, 첫 번째 친구는 훌라후프를 세우고 준비합니다.
2) 출발 신호와 함께 훌라후프를 굴리며 반환점을 돌아옵니다.
3) 훌라후프가 쓰러지면 그 자리에서 다시 시작합니다.
4) 반환점에 도착하면 잡고 방향을 돌릴 수 있으며 다음 친구에게 훌라후프를 굴려서 패스할 수 있습니다.
5) 가장 먼저 도착한 모둠이 승리합니다.

TIP

훌라후프를 배턴으로 활용하여 이어달리기를 할 수 있습니다.

3-45 어깨동무 달리기

준비물 : 라바콘

적용학년 : 저 중 고

모둠 친구들이 어깨동무를 한 상태에서 반환점을 엇갈려 돌아오는 이어달리기 게임입니다.

영역: 도전 - 속도 도전 - 이어달리기

놀 이 방 법

1) 출발선에 모둠원 전체가 어깨동무를 합니다.
2) 라바콘으로 반환점 3개를 놓습니다.
3) 어깨동무를 한 상태로 반환점을 한 바퀴씩 돌며 3개의 반환점을 모두 통과합니다.
4) 마지막 반환점을 돌고 난 후에는 바로 출발선으로 돌아옵니다.
5) 반환점을 모두 돌아 먼저 들어온 모둠이 승리합니다.

TIP
어깨동무한 상태이므로 무리하게 달리다가 넘어지지 않도록 주의합니다

실내놀이

3-46 지그재그 달리기

준비물 : 원마커, 라바콘

적용학년 : 저 중 고

친구의 팔(장애물)을 피해 지그재그 방식으로 반환점을 돌아오는 게임입니다.

영역: 도전 - 속도 도전 - 장애물 달리기

놀 이 방 법

1) 모둠별로 달리는 순서를 정하고 출발선 앞에 섭니다.
2) 출발선 앞에 일정한 간격으로 원마커 7~8개를 놓습니다.
3) 1번 주자가 출발선 앞에 있는 1번째 원마커로 달려가 양팔을 벌려 옆으로 섭니다.
4) 2번 주자는 1번 주자의 양팔을 앞뒤로 지그재그로 통과한 후 2번째 원마커 위에서 팔 벌려 섭니다.
5) 같은 방법으로 전체 주자가 다 출발하면 처음 주자는 다시 같은 방법으로 지그재그 방식으로 반환점을 돌아옵니다.

TIP

친구의 팔(장애물)에 걸리지 않도록 방향전환을 확실하게 합니다.

3-47 순서 섞어 릴레이

준비물 : 라바콘

적용학년 : 저 중 고

상대 모둠이 부른 번호 주자부터 순서대로 반환점을 돌아오는 이어달리기 게임입니다.

영역: 도전 - 속도 도전 - 이어달리기

놀이방법

1) 각자 번호를 하나씩 정하고 출발선에 위치합니다.
2) 시작 신호가 들리면 상대모둠원은 큰 소리로 번호를 외치고, 우리 모둠에서 해당하는 번호 친구부터 차례대로 반환점을 돌아옵니다.
3) 예를 들어 상대 모둠이 “3”을 외치면 <3-4-5-1-2> 순서로 반환점을 돌아와야 합니다.
4) 마지막 주자가 반환점을 돌아 먼저 도착한 모둠이 승리합니다.

TIP

학급 번호, 성별, 특징 등 다양한 방법으로 호명할 수 있습니다.

3-48 점보 스택스 릴레이

준비물 : 점보 스택스

적용학년 : 저 중 고

이어달리기로 달려가서 점보 스택스를 쌓는 게임입니다.

영역: 도전 - 속도 도전 - 이어달리기

놀 이 방 법

1) 모둠별로 한 줄로 서서 각자 점보스택스를 1개씩 들고 출발선에서 준비합니다.
2) 한 명씩 달려가서 점보스택스 1개를 정해진 위치에 하나씩 쌓아올린 후 반환점을 돌아옵니다.
3) 점보 스택스를 쌓다가 무너지면 무너트린 친구가 다시 쌓아 올립니다.
4) 마지막 주자까지 정해진 위치에 점보스택스를 쌓아 올린 후 출발점으로 먼저 돌아온 모둠이 승리합니다.

TIP

점보스택스 쌓는 방법을 다양하게 제시할 수 있습니다.

3-49 훌라후프 빙고놀이

준비물 : 훌라후프, 팀조끼

적용학년 : 저 중 고

팀조끼를 이용하여 빙고를 완성하는 이어달리기 게임입니다.

영역: 여가와 운동 체력 - 운동체력 증진활동(민첩성)
도전 - 속도 도전 - 이어달리기

놀이방법

1) 훌라후프로 3*3 빙고판을 만들고, 두 팀으로 나누어 출발선에 섭니다.
2) 1번 주자는 팀조끼를 들고 달려가 팀조끼를 빙고판 위에 두고 돌아와 다음 주자와 터치합니다.
3) 차례대로 팀조끼를 놓은뒤, 3번 주자까지 3줄 빙고가 완성되지 않았을 경우, 4번 주자는 훌라후프 안에 있는 우리 편 팀조끼를 이동하여 빙고를 완성합니다.
4) 먼저 한 줄 빙고(가로, 세로, 대각선 중 1줄 완성)를 만드는 팀이 승리하는 놀이입니다.

TIP

- 동시에 같은 훌라후프에 팀조끼를 놓은 경우, 가위 바위 보를 하고 진 팀은 다른 훌라후프 안에 팀조끼를 놓습니다.
- 4*4 또는 5*5의 빙고판을 바꾸며 다양한 놀이를 할 수 있습니다.

3-50 콩모으기 셔틀런

준비물 : 콩주머니(셔틀콕), 라바콘

적용학년 : 저 중 고

콩주머니를 자기 구역으로 3개를 먼저 가져오는 놀이입니다.

영역: 건강 - 성장과 건강체력 - 건강체력 증진활동(심폐지구력)

놀 이 방 법

1) 경기장을 4구역으로 나누고, 사각형의 가운데에 콩주머니 7개를 놓습니다.
2) 각 구역의 콘에 학생이 한 명씩 대기합니다.
3) 시작신호와 함께 가운데 놓여있는 공을 가져옵니다.
4) 한 번에 한 개씩만 가져올 수 있으며 가운데 콩주머니가 없으면 다른 친구의 콘에서 콩주머니를 가져옵니다.
5) 자신의 콘에 콩주머니를 3개 먼저 모으면 승리합니다.

TIP

- 콩주머니를 밟고 넘어지지 않도록 조심합니다.
- 콩주머니를 던지거나 밀면 반칙이며, 정확하게 콘 옆에 두고 출발해야 합니다.

3-51 던지며 이어달리기

준비물 : 공, 라바콘, 팀조끼 적용학년 : 저 중 고

공이 떨어진 위치에서 다시 공을 던지면서 반환점을 돌아오는 이어달리기 게임입니다.

영역: 도전 - 속도 도전 - 단거리 달리기
도전 - 표적/투기 도전 - 멀리던지기

놀이방법

실내놀이

1) 시작신호와 함께 각 모둠의 1번 주자가 공을 던집니다.
2) 2번 주자는 팀조끼를 공이 떨어진 위치에 놓습니다.
3) 3번 주자는 공을 주워 2번 주자에게 줍니다.
4) 그다음, 2번 주자가 팀조끼가 떨어진 위치에서 공을 던지고, 다른 주자들도 역할을 바꿔서 게임을 합니다.
5) 반환점을 돌아서 출발선으로 먼저 도착하는 모둠이 승리합니다.

TIP

- 멀리 던지는 것과 반환점을 향해서 정확하게 던지는 것을 생각면서 게임을 할 수 있도록 안내합니다.
- 굴러간 공을 빨리 가져와서 던지는 친구에게 전달할 때 던지거나 굴지 않고 직접 손에 줄 수 있도록 합니다.

3-52 새옹지마 릴레이

준비물 : 라바콘

적용학년 : 저 중 고

라바콘 무너뜨리기 - 세우기 - 무너뜨리기를 반복하며 이어달리는 게임입니다.

영역: 도전 - 속도 도전 - 이어달리기

놀이방법

1) 한 팀당 라바콘을 일정한 간격으로 5개 놓습니다.
2) 1번 주자는 세워진 라바콘을 순서대로 모두 쓰러뜨린 후 돌아옵니다.
3) 2번 주자는 쓰러진 라바콘을 순서대로 모두 세운 후 돌아옵니다.
4) 3번 주자는 다시 라바콘을 모두 쓰러뜨립니다. 다음 주자는 이를 반복합니다.
5) 모든 주자가 라바콘 미션을 끝낸 후 먼저 도착하는 팀이 승리하는 게임입니다.

TIP

라바콘을 쓰러뜨릴 때 손이나 발을 이용할 수 있으며, 발로 쓰러뜨리는 경우 너무 세게 차서 라바콘이 멀리 날아가지 않도록 주의합니다.

3-53 쥐와 고양이

준비물 : 없음

적용학년 : 저 중 고

2명씩 팔짱끼고 쥐를 잡는 놀이입니다.

영역: 경쟁 - 경쟁의 기초 - 태그형 게임

놀 이 방 법

1) 1명의 고양이(술래)와 1명의 쥐를 정하고, 모두가 2명씩 팔짱을 낍니다.
2) 고양이는 쥐를 잡으려 다닙니다.
3) 쥐는 도망치다가 2명씩 짝을 이룬 친구 중 한명에게 팔짱을 끼면 반대편 팔짱을 낀 친구가 쥐가 되어 다시 도망갑니다.
4) 고양이가 쥐를 잡으면 역할을 바꿉니다.

TIP

3인 1조로 팔짱을 낀 상태로도 놀이를 진행할 수 있습니다.

3-54 트라이앵글 술래잡기

준비물 : 없음

적용학년 : 저 중 고

어깨에 손을 올려 삼각형을 만든 후 대장을 잡는 게임입니다.

영역: 건강 - 여가와 운동체력 - 운동체력 증진활동(유연성, 순발력)

놀이방법

1) 술래를 1명 정합니다.
2) 3명이 한 모둠(트라이앵글)이 되어 손을 잡거나 어깨에 손을 올리고 대장 1명을 정합니다.
3) 시작 신호와 함께 술래는 대장을 터치해야 합니다.
4) 다른 친구는 술래가 대장을 터치하도록 못하게 방어합니다.
5) 정해진 시간동안 술래가 대장을 터치하지 못하면 트라이앵글의 승리가 되고 술래와 대장을 교대합니다.

TIP

- 대장을 보호하는 친구들은 좌우로 빠르게 이동하며 술래가 대장 근처에 가지 못하도록 방어합니다.
- 학생들의 수준을 고려하여 활동 영역을 정해줄 수 있습니다.
- 고학년의 경우 어깨에 손을 올리고 경기를 진행하고, 저학년은 손을 잡고 진행하는 것이 효과적입니다.

3-55 백지장 술래잡기

준비물 : 종이

적용학년 : 저 중 고

술래를 피해 종이를 들고 도망가는 게임입니다.

영역: 경쟁 - 경쟁의 기초 - 태그형 게임

놀 이 방 법

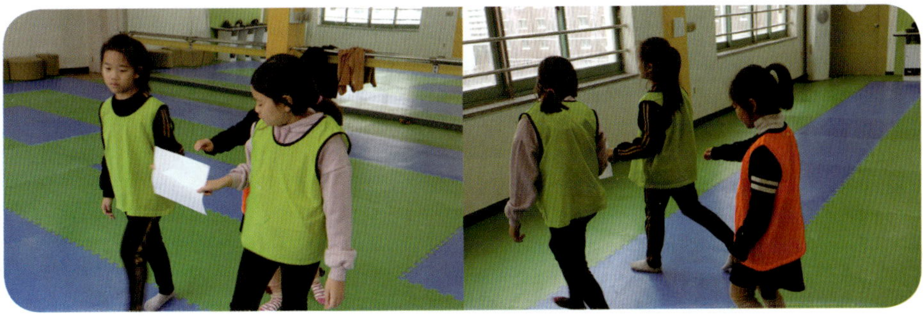

1) 술래를 정하고, 2명이 짝을 이루어 종이를 한 손씩 잡습니다.
2) 시작 신호와 함께 술래를 피해 도망가고 잡힐 것 같으면 '얼음'을 외칩니다.
3) 종이를 잡고 있는 다른 친구들이 터치해주면 다시 술래를 피해 도망갈 수 있습니다.
4) 종이가 찢어진 친구들은 벌칙(예: 팔벌려높이뛰기 10회) 실시 후 종이를 다시 받아 경기장으로 들어올 수 있습니다.

TIP

- 게임 영역을 작게 하거나 술래가 한발로 뛰게 하여 난이도를 조절할 수 있습니다.
- 술래를 2명 이상으로 정하면 빠른 시간동안 많은 움직임 활동을 할 수 있습니다.

3-56 강 건너기

준비물 : 라바콘

적용학년 : 저 중 고

강을 건너면서 술래를 피하는 게임입니다.

영역: 경쟁 - 경쟁의 기초 - 태그형 게임

놀이방법

1) 경기장에 강(두 선)을 표시하고 술래는 강(두 선의 안쪽)에 서고, 나머지 친구들은 선 바깥쪽에 섭니다.
2) 술래가 "강을 건너라"라고 하면 친구들은 반대편 강기슭으로 이동하고 술래는 친구들을 잡습니다.
3) 술래에게 잡힌 친구가 다시 술래가 되어 게임을 진행합니다.
4) 여러 명이 한 번에 잡힌 경우는 가위 바위 보로 다음 술래를 정합니다.

TIP

- 건너편에서 달려오는 친구들과 부딪치지 않도록 주의합니다.
- 강의 건너야 하는 시간을 정해서 게임을 진행할 수 있습니다.

3-57 모둠 꼬리 잡기

준비물 : 수건 또는 조끼

적용학년 : 저 중 고

허리를 잡은 상태에서 상대편의 꼬리를 뺏는 게임입니다.

영역: 경쟁 - 경쟁의 기초 - 태그형, 럭비형 게임

놀 이 방 법

1) 모둠별 한 줄로 서서 모두 앞사람의 허리를 잡고 마지막 친구의 허리에는 수건(또는 조끼)으로 꼬리를 만듭니다.
2) 시작 신호와 함께 맨 앞에 학생은 상대 모둠의 마지막 친구의 꼬리를 빼앗습니다.
3) 상대모둠의 꼬리를 빼앗거나, 상대 모둠원이 잡은 손을 놓쳐 줄이 끊어지게 하면 승리합니다.

TIP

- 제한된 시간을 주고 빼앗은 꼬리를 교사에게 가져오면 1점을 주고 다시 빼앗긴 팀에게는 꼬리를 넣어주면 계속 놀이를 할 수 있습니다.
- 꼬리를 빼앗기거나 빼앗으면 모둠별 위치(예:꼬리 역할 친구가 머리 역할로 이동하기)를 바꿔서 경기를 진행합니다.

3-58 실내화 술래잡기

준비물 : 접시콘, 공

적용학년 : 저 중 고

술래에게 잡히지 않고 원 안에 있는 자신의 실내화를 찾아오는 게임입니다.

영역: 건강 - 여가와 운동 체력 - 운동체력 증진활동(민첩성)

놀 이 방 법

1) 접시콘으로 원을 그리고, 술래는 원 안에 나머지 친구들은 실내화 한쪽을 원 안에 넣고, 원 밖에 섭니다.
2) 시작 신호와 함께 친구들은 원 안에 들어가 술래를 피해 자신의 실내화를 찾아 나옵니다.
3) 술래는 두발로 다닐 수 있고, 나머지 친구들은 원 안에서는 한 발로 다닙니다.
4) 원 안에 들어가 실내화를 찾은 학생은 실내화를 신고 두 발로 다닐 수 있습니다.
5) 술래에게 잡히는 친구가 다음 술래가 됩니다.

TIP

자기의 실내화를 쉽게 구분할 수 있도록 확인시키고 경기를 진행합니다.

3-59 그물 술래잡기

준비물 : 없음

적용학년 : 저 중 고

서로 손을 잡은 상태(그물)에서 상대 모둠을 잡는 게임입니다.

영역: 경쟁 - 경쟁의 기초 - 태그형, 럭비형 게임

놀 이 방 법

1) 두 모둠으로 나눈 후 술래모둠을 정합니다.
2) 술래 모둠은 그물이 되어 서로 양 손을 잡고, 상대 모둠을 터치합니다.
3) 이때, 손을 놓으면 안 되며 양 끝에 있는 친구들만 터치할 수 있습니다.
4) 상대 모둠 중 1명이라도 그물에 걸리면 술래모둠의 역할을 바꿉니다.

TIP

술래 모둠의 친구들이 손을 잡고 이동할 때 너무 세게 잡아당기지 않도록 주의합니다.

3-60 무궁화 공이 피었습니다

준비물 : 접시콘, 피구공

적용학년 : 저 중 고

공을 던지면서 '무궁화 꽃이 피었습니다'를 하는 놀이입니다.

영역: 도전 - 표적/투기 도전 - 던지기

놀이방법

1) 술래는 공을 들고 술래선에, 나머지 친구들은 출발선에 섭니다.
2) 술래는 뒤돌아 공을 위로 던지고 받으면서 “무궁화 공이 피었습니다”를 외칩니다.
3) 그 사이 다른 친구들은 술래를 향해 나아가며 술래가 뒤를 돌아보면 그대로 멈춥니다. 이때 술래에게 움직이다가 들킨 친구는 앞으로 나가 술래 뒤에 섭니다.
4) 누군가 술래가 있는 곳까지 가서 술래를 터치하면서 “땡”이라 외치면 모두 달아납니다.
5) 술래는 달아나는 친구를 공으로 맞추고 맞은 친구가 다음 술래가 됩니다.

TIP

출발선과 술래선 사이의 거리를 변형시켜 난이도 조절을 할 수 있습니다.

3-61 하나둘셋 피구

준비물 : 접시콘, 공

적용학년 : 저 중 고

3번의 패스 후에 공으로 맞히는 게임입니다.

영역: 경쟁 - 경쟁의 기초 - 태그형 게임
도전 - 표적/투기 도전 - 던지기

놀 이 방 법

1) 모든 친구들은 경기장 안에 들어가고 1명이 공을 가지고 있습니다.
2) 공을 가진 친구는 “하나”라고 외치며, 다른 친구에게 패스를 합니다. 패스를 받은 친구는 다시 “둘”을 외치며 다른 친구에게 패스합니다.
3) 두 번째 패스를 받은 친구는 “셋”을 외치며 다른 친구를 공으로 맞춥니다.
4) 공에 맞으면 공을 맞춘 사람은 1점을 얻습니다. 이때, 상대 친구가 공을 잡으면 잡은 친구가 1점을 얻습니다. 공에 맞추지 못한 경우는 아무나 공을 잡고 다시 첫 번째 패스를 시작합니다.
5) 정해진 시간동안 가장 많은 점수를 얻은 친구가 승리합니다.

TIP

- 정확하게 3번의 패스가 이루어질 수 있도록 패스를 하면서 크게 “하나”, “둘”, “셋”을 외치도록 지도합니다.
- 패스 중 떨어트린 공은 아무나 주워서 경기를 진행할 수 있습니다.

3-62 고인돌 술래잡기

준비물 : 라바콘

적용학년 : 저 중 고

원시인과 동물로 모둠을 나누어 동물을 잡아 우리에 가두는 게임입니다.

영역: 경쟁 - 경쟁의 기초 - 태그형 게임

놀 이 방 법

1) 두 팀으로 나눈 후 원시인 팀과 동물팀을 정합니다.
2) 시작 신호와 함께 동물 모둠은 사방에 도망치고, 원시인 팀은 동물들을 잡습니다.
3) 원시인의 손에 닿은 동물들을 우리에 갇히게 되고 다른 동물이 갇힌 동물을 쳐주면 다시 살아날 수 있습니다.
4) 제한된 시간동안 잡힌 동물의 수를 센 후 팀 역할을 교대합니다.
5) 보다 많은 동물을 잡은 팀이 승리합니다.

TIP

라바콘 또는 접시콘으로 동물들이 갇혀있는 우리를 만들어 줍니다.

3-63 아메바 술래잡기

준비물 : 없음

적용학년 : 저 중 고

아메바가 되어 친구들을 잡는 게임입니다.

영역: 경쟁 - 경쟁의 기초 - 태그형 게임

놀 이 방 법

1) 술래를 정한 후 모두 게임장 안에 들어갑니다.
2) 시작 신호와 함께 술래는 "아메바"라 외치며 괴물 아메바가 되어 친구들을 잡습니다.
3) 괴물 아메바에 터치되면 아메바가 되어 손을 잡고 함께 친구들을 잡습니다.
4) 아메바가 4명이 되면 괴물아메바가 "분열"이라고 외치고 2명씩 나눠져서 친구들을 잡고, "합체"라고 외치면 모든 아메바가 합체하여 친구들을 잡습니다.
5) 정해진 시간동안 살아남은 친구들이 승리하는 게임입니다.

TIP

처음 술래였던 괴물 아메바는 "분열"과 "합체"를 잘 활용하여 친구들을 잡을 수 있도록 지도합니다.

3-64 마피아 술래놀이

준비물 : 없음

적용학년 : 저 중 고

마피아인 술래가 친구들 몰래 터치하여 아웃시키는 게임입니다.

영역: 경쟁 - 경쟁의 기초 - 태그형 게임

놀 이 방 법

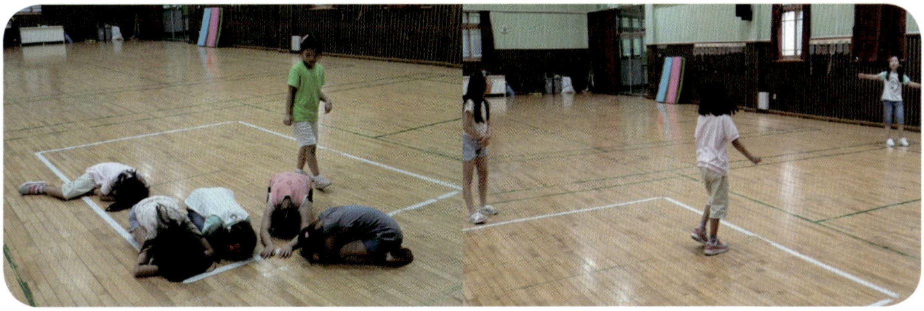

실내놀이

1) 마피아 2명을 뽑습니다.
2) 시작 신호와 함께 마피아 술래들은 자신을 숨기고 정해진 시간에 동안 최대한 많은 학생을 터치합니다.
3) 터치된 학생은 선생님이 이름을 불러 게임장 밖으로 나가도록 합니다.
4) 정해진 시간동안 살아남은 친구들이 승리하는 게임입니다.

TIP

경기장의 크기나 마피아 술래의 수를 학급 인원에 맞춰 조정합니다.

3-65 몬스터를 피해라

준비물 : 안대

적용학년 : 저 중 고

몬스터가 되어 서로 손을 잡고 친구들을 잡는 게임입니다.

영역: 경쟁 - 경쟁의 기초 - 태그형 게임

놀이방법

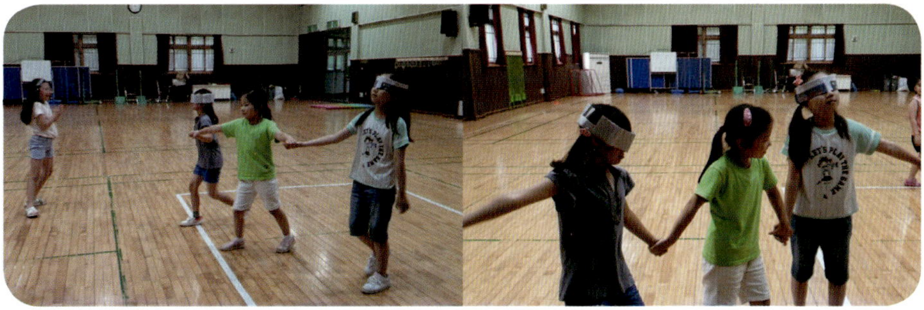

1) 술래 세 명을 정한 후 서로 손을 잡고 양 쪽 친구들은 안대를 합니다.
2) 시작 신호와 함께 몬스터(술래) 되어 가운데 술래는 몬스터 눈이 양 옆의 술래들은 몬스터의 팔이 되어 친구들을 잡습니다.
3) 몬스터는 반드시 오른쪽 친구의 오른손, 왼쪽 친구의 왼손으로 터치해야만 잡을 수 있습니다.
4) 정해진 시간동안 살아남은 친구들이 승리하는 게임입니다.

TIP

- 도망치는 친구들은 소리를 내면 쉽게 잡힐 수 있으므로 주의합니다.
- 놀이장 구역이 지나치게 넓으면 안 되고, 술래가 다칠 수 있는 물건은 미리 정리한 후 게임을 시작합니다.

3-66 무릎 꿇고 릴레이 던지기

준비물 : 공, 원마커

적용학년 : 저 중 고

상체만을 이용한 공을 멀리 던지는 릴레이 던지기 게임입니다.

영역: 도전 - 거리 도전 - 멀리 던지기

놀이방법

1) 출발선 앞에 모둠별로 한 줄이 되게 섭니다.
2) 첫 번째 친구부터 무릎을 바닥에 댄 상태에서 공을 던지고, 두 번째 친구는 떨어진 지점에 원마커를 놓습니다.
3) 그다음, 두 번째 친구는 원마커 위치에서 같은 방법으로 목표지점을 향해 최대한 멀리 던집니다.
4) 같은 방법으로 던지기를 하고, 공이 목표지점에 도달했을 때 던진 횟수가 적은 모둠이 승리합니다.

TIP

어깨와 허리의 힘을 이용한 멀리 던지기 활동임을 사전 안내하고 학생들이 바른 자세로 최대한 멀리 던질 수 있도록 지도합니다.

3-67 후프 5홀

준비물 : 공, 훌라후프

적용학년 : 저 중 고

공을 굴려서 훌라후프 홀에 공을 넣는 변형 골프 게임입니다.

영역: 도전 - 표적/투기 도전 - 골프, 컬링

놀 이 방 법

1) 각 모둠별 앞에 놓인 훌라후프에 맞춰 차례로 출발선에 섭니다. 이때 훌라후프의 거리는 모두 다르게 놓습니다.
2) 각 모둠원은 돌아가면서 훌라후프에 공을 굴려 넣습니다.
3) 모두 공을 굴리면 넣은 공의 점수를 계산한 후, 공을 들고 다음 홀로 한 칸씩 이동합니다.
4) 5홀을 모두 돈 후에 모둠별 성공한 점수를 합하며 보다 많은 점수를 얻은 모둠이 승리합니다.

TIP

안에 들어간 공을 다른 공이 굴려서 밖으로 나가면 밖으로 나간 공은 점수를 얻을 수 없습니다.

3-68

표적 맞히기

준비물 : 평균대, 라바콘, 다양한 공

적용학년 : 저 중 고

다양한 도구를 이용하여 표적을 맞히는 놀이를 합니다.

영역: 도전 - 표적 활동 - 표적 도전

놀이 방법

1) 평균대 위에 라바콘을 6~7개 세워두고, 모둠별로 한 명씩 나와 지정된 위치에 섭니다.
2) 시작 신호에 맞춰 자신이 원하는 공을 들고 표적을 맞힙니다.
3) 한 친구 당 5번의 기회가 주어지고 맞힐 때마다 1점을 획득합니다.
4) 점수가 가장 높은 모둠이 승리합니다.

TIP

- 모둠원 중 한 친구가 표적 뒤에서 있다가 날아온 공을 같은 모둠원에게 전해줍니다.
- 표적을 평균대나 테이블 위에 올려놓고 진행합니다.
- 플라잉디스크나 투호등 다양한 도구로 변형시켜 진행할 수 있습니다.

3-69 창 이어 던지기

준비물 : 플레이스틱

적용학년 : 저 중 고

모둠별로 창(플레이스틱)을 멀리 던져 상대방 구역으로 더 많이 이동하면 승리하는 게임입니다.

영역: 도전 - 표적/투기 도전 - 던지기

놀이방법

1) 두 모둠으로 나눠 가운데 선을 기준으로 양쪽으로 구역을 나눕니다.
2) 창(플레이스틱)을 던지는 순서를 미리 정하고, 1번 친구부터 가운데 선에서 창을 던집니다.
3) 창(플레이스틱)이 떨어진 위치에서 다시 상대편 모둠 1번 친구가 상대팀 구역으로 창(플레이스틱)을 던집니다.
4) 같은 방법으로 모든 모둠원이 창(플레이스틱)을 던진 후 창(플레이스틱)이 상대방 구역에 있는 모둠이 승리합니다.

TIP

창(플레이스틱)을 던질 때는 다른 친구들이 맞지 않도록 정해진 위치에서 대기합니다.

3-70 다트 계산기

준비물 : 계산기 다트판, 원마커　적용학년 : 저 중 고

사칙연산과 숫자가 적힌 다트 보드판에 다트를 던져서 높은 점수를 만드는 게임입니다.

영역: 도전 - 표적, 투기활동 - 다트

놀이 방법

1) 1인당 다트 1개를 가지고 출발선에 섭니다.
2) 시작신호와 함께 첫 번째 친구부터 계산기 다트 판을 향해 다트를 던집니다.
3) 점수를 높이기 위한 전략을 짜고 다트로 맞춘 숫자와 사칙연산을 계산합니다.
4) 가장 높은 점수를 만든 모둠이 승리합니다.

TIP

- 다트는 뾰족하므로 절대 친구들이 앞에 있을 때 던지지 않도록 주의를 줍니다.
- 5명이 던졌을 경우 각각 3, 5, +, 7, 3을 맞혔다면 점수 합계는 108이 됩니다.

3-71 볼 다트

준비물 : 숫자가 적힌 점수판, 여러 종류의 공

적용학년 : 저 중 고

자기 수준에 맞는 공을 자기가 원하는 거리에서 점수판에 던져 점수를 얻는 게임입니다.

영역: 도전 - 표적 투기 도전 - 다트 게임

놀이방법

1) 모둠별로 던질 순서를 정하고 자신이 던질 공을 선택합니다.
2) 이때, 같은 모둠에서는 같은 종류의 공을 던질 수 없습니다.
3) 던지는 거리에 따라 1단계(1점), 2단계(2점), 3단계(3점)을 정하고 자신 있는 거리에서 공을 던집니다.
4) 공을 던져 맞춘 숫자와 단계를 곱한 것이 점수가 됩니다. (예를 들면, 2단계에서 '4'칸에 넣었을 경우 2*4=8점)
5) 모둠별 점수를 모두 더하여 더 높은 점수를 얻은 모둠이 승리합니다.

TIP

- 공의 크기가 다른 다양한 공을 준비하여 놀이를 진행합니다.
- 공의 종류와 거리를 모둠 스스로 정할 작전 시간을 주면 보다 효과적인 활동이 이루어집니다.

3-72 낙하산 탱탱볼

준비물 : 페러슈트 또는 가벼운 천, 공(배구공 또는 탱탱볼)

적용학년 : 저 중 고

페러슈트 또는 가벼운 천을 이용하여 공을 땅에 떨어뜨리지 않고 오래 튕기는 게임입니다.

영역: 건강 - 건강 체력

놀 이 방 법

1) 모둠원이 원으로 선 후 낙하산을 허리 높이로 듭니다.
2) 시작 신호와 함께 낙하산 끝을 박자에 맞춰 순간적으로 팽팽하게 잡아 당겨 공을 튕깁니다.
3) 가장 오래 많이 튕기는 모둠이 승리합니다.

TIP

- 공의 종류를 바꿔서 난이도를 조절할 수 있습니다.
- 공을 더 높이 올린 모둠이 승리하는 형태로 변형시켜 진행할 수 있습니다.

3-73 팀 저글링

준비물 : 피구공

적용학년 : 저 중 고

3개의 피구공을 이름을 부르며 서로 주고받는 게임입니다.

영역: 경쟁 - 영영형 경쟁 - 핸드볼형 게임

놀이방법

1) 원형으로 서로 마주보고 서서 피구공 3개를 무작위로 나눠줍니다.
2) 시작 신호와 함께 공을 가진 친구는 패스할 친구의 이름을 부르며 공을 패스합니다.
3) 패스를 받은 친구는 다시 다른 친구의 이름을 부르며 바로 패스합니다. 이때, 패스는 부른 친구에게 정확하게 보내야 합니다.
4) 공 던지기나 공받기에 실패한 친구는 1점씩 잃게 됩니다.
5) 정해진 시간동안 가장 적은 점수를 잃은 친구가 승리합니다.

TIP

학생들의 수준을 고려하여 처음에는 하나의 공으로 게임을 진행하고, 익숙해지면 공의 수를 점점 늘려갈 수 있습니다.

3-74 피봇 피구

준비물 : 공, 팀조끼

적용학년 : 저 중 고

모둠원들이 패스와 피봇 동작을 활용하여 상대 모둠을 터치하여 점수를 얻는 게임입니다.

영역: 경쟁 - 경쟁의 기초 - 태그형 게임

놀 이 방 법

1) 두 모둠으로 나눈 후 게임장 안에 섭니다.
2) 공을 들고 있는 친구는 걸을 수 없고, 피봇 동작(한 발을 고정시키고 다른 한 발만 움직임)만 할 수 있습니다.
3) 공을 잡은 친구는 공으로 상대편을 터치하여 1점을 얻고, 공격과 수비를 교대합니다.
4) 패스된 공이 땅에 떨어지거나, 가로채면 잡은 팀이 공격이 됩니다.
5) 공을 들고 있는 상대팀에게 직접 빼앗거나 접촉할 수 없습니다.
6) 정해진 시간동안 더 많은 점수를 얻은 모둠이 승리합니다.

TIP

- 먼저 정해진 점수를 얻는 모둠이 승리하는 식으로 경기를 진행할 수 있습니다.
- 2개의 공으로 경기를 진행할 수 있습니다.

3-75 스파이 피구

준비물 : 훌라후프, 피구공

적용학년 : 저 중 고

상대편 영역에 있는 우리 편 스파이를 이용하는 변형 피구 게임입니다.

영역: 경쟁 - 피하기형 게임 - 피구

놀 이 방 법

1) 두 팀으로 나눈 후 각 팀 스파이를 1명씩 정해서 상대편 구역의 훌라후프 안에 들어갑니다.
2) 피구게임과 같은 방법으로 경기를 진행합니다.
3) 스파이 구역에 들어가 있는 친구도 공을 패스하고 공격할 수 있으며, 던질 때는 반드시 두 손으로 던져야 합니다.
4) 스파이는 아웃된 친구와 교대할 수 있습니다.
5) 마지막까지 살아남은 친구가 있는 팀이 승리합니다.

TIP

학생들이 빠르게 움직이다보면 스파이 구역에 있는 친구와 부딪힐 수 있으므로 주의합니다.

3-76 서클 패스(Circle Pass)

준비물 : 축구공

적용학년 : 저 중 고

원을 그리고 둥글게 서서 공을 패스는 게임입니다.

영역: 경쟁 - 필드형 경쟁 - 축구형

놀이 방법

1) 둥글게 원을 그리고 섭니다.
2) 시작과 함께 공을 다른 친구에게 패스를 합니다.
3) 패스를 받은 친구는 공이 정지되지 않도록 바로 패스로 다른 친구에게 연결합니다.
4) 공을 받지 못하거나 공이 무릎 이상 뜨게 패스하면 아웃이 됩니다.
5) 정해진 시간동안 살아남은 친구들이 승리합니다.

TIP

- 원을 그린 상태에서 모두 손을 잡고 게임을 진행할 수 있습니다.
- 두 모둠으로 나누고 일자로 마주보고서서 공을 패스하는 게임으로 변형할 수 있습니다.
- 정확하게 패스하기 위해 인사이드 킥을 사용하도록 지도합니다.

3-77 프리킥 마스터

준비물 : 리바콘, 축구공

적용학년 : 저 중 고

라바콘을 골대로 사용하여 다양한 거리에서 프리킥을 차서 골대에 넣어 점수를 얻는 게임입니다.

영역: 경쟁 - 영역형 경쟁 - 축구형

놀이방법

1) 모둠별로 라바콘 골대를 앞에 두고 한 줄로 섭니다.
2) 도우미는 라바콘 뒤에 서고 나머지 친구들은 찰 준비를 합니다.
3) 순서대로 프리킥을 차고 도우미는 친구들이 찬 공을 다시 출발선으로 공을 패스해 줍니다.
4) 골대에 맞추면 1점, 통과하면 2점을 줍니다.
5) 정해진 횟수동안 많은 점수를 얻은 모둠이 승리합니다.

TIP

라바콘의 간격과 프리킥을 차는 위치를 변화시켜 난이도를 조절할 수 있습니다.

3-78 우유곽을 날려라

준비물 : 우유곽 여러 개

적용학년 : 저 중 고

우유곽을 발로 차서 상대편 진영으로 보내는 게임입니다.

영역: 경쟁 - 영역형 경쟁 - 축구형 게임

놀 이 방 법

1) 경기장을 반으로 나누고 두 모둠으로 나눕니다.
2) 시작 신호와 함께 우유곽을 발로 차서 상대편 영역으로 보냅니다.
3) 우유곽을 찰 때에는 반드시 한번에 1개의 우유곽을 차야 합니다.
4) 정해진 시간동안 상대 영역에 더 많은 우유곽을 보낸 모둠이 승리합니다.

TIP

- 우유곽은 씻어서 물기를 제거하여 준비합니다.
- 공격과 수비로 나누어서 놀이를 진행할 수 있습니다.
- 4개 영역으로 정해서 4개 모둠이 한 번에 경기를 진행할 수 있습니다.

3-79 대장공 놀이

준비물 : 의자, 농구공

적용학년 : 저 중 고

우리 팀 대장에게 패스하여 점수를 얻는 게임입니다.

영역: 경쟁 - 영역형 경쟁 - 농구형

놀 이 방 법

1) 두 팀으로 나눠서 중앙선을 기준으로 자기 구역에 서고, 대장은 반대편 의자에 올라갑니다.
2) 공을 잡은 사람은 드리블을 할 수 없고 패스만 할 수 있습니다.
3) 패스로 같은 팀 대장에게 공이 전달되면 점수를 얻습니다.
4) 대장 구역인 반원 안에는 들어 갈 수 없으며, 수비가 상대팀 몸에 접촉하면 반칙이 됩니다.
5) 슛 동작에서 접촉이 일어나면 자유투가 주며, 일반 슛은 2점, 자유투는 1점을 얻습니다.
6) 정해진 시간동안 많은 점수를 얻은 팀이 승리합니다.

TIP

- 슛을 할 때 포물선을 그리 듯 슛을 해야 하며, 너무 세게 던지지 않도록 주의합니다.
- 의자위에 서는 것이 위험할 경우 훌라후프 등으로 대장 영역을 표시해도 됩니다.

3-80

난쟁이 농구

준비물 : 의자, 공, 리바콘

적용학년 : 저 중 고

엉덩이를 바닥에 붙인 채 공을 던져 콘을 맞추는 농구형 게임입니다.

영역: 경쟁 - 영역형 경쟁 - 농구형

놀 이 방 법

1) 두 팀으로 나누어 사각형 안에 들어가서 엉덩이를 바닥에 붙이고 앉습니다.
2) 공격 팀은 상대 영역으로 공을 패스하며 골대에 슛을 넣고, 수비 팀은 상대팀이 슛을 하지 못하도록 합니다.
3) 골대(라바콘)에 공을 던져서 맞추면 점수를 얻고, 공격과 수비를 교대합니다.
4) 정해진 시간동안 많은 점수를 얻은 팀이 승리합니다.

TIP

앉아서 농구공을 가지고 게임을 하다보면 얼굴에 맞거나 손가락 부상 위험이 크므로 배구공 등 부드러운 공으로 놀이합니다.

3-81 한 마음 프리드로우

준비물 : 농구공(넷볼공), 원마커 적용학년 : 저 중 고

농구골대 기준 각각 다른 거리에서 3명이 한 팀이 되어 동시에 슛을 넣는 게임입니다.

영역: 경쟁 - 영역형 경쟁 - 농구형

놀 이 방 법

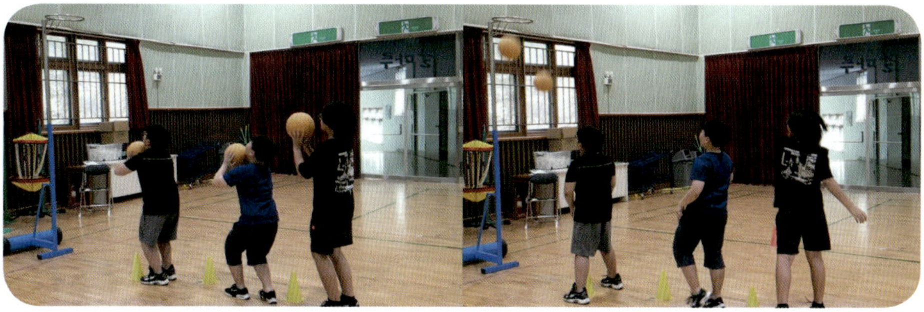

1) 3명이 한 팀으로 구성합니다.
2) 농구골대 기준 직선으로 2m, 3m, 4m 거리에 원마커를 놓고, 각 팀에서 해당되는 지점에서 슛을 준비합니다.
3) 선생님의 신호에 맞춰 동시에 슛을 시도합니다.
4) 거리에 따라 1, 2, 3점을 획득할 수 있고, 모두 성공한 경우 10점을 획득합니다.

TIP

- 미션형 또는 경쟁형으로 게임을 진행할 수 있습니다.
- 슛 감을 익히기 위해 슛을 2~3회 시도하는 것이 좋습니다.
- 친구들의 슛 시도과정을 보면서 거리에 따른 공의 이동경로를 익힐 수 있도록 합니다.

3-82 드리블 릴레이

준비물 : 접시콘, 농구공

적용학년 : 저 중 고

농구공으로 드리블을 하며 반환점을 돌아오는 게임입니다.

영역: 경쟁 - 영역형 경쟁 - 농구형

놀 이 방 법

1) 모둠별로 한줄로 출발선에 섭니다.
2) 시작 신호와 함께 한 명씩 드리블을 하여 반환점을 돌아옵니다.
3) 정해진 지점까지 왔을 때 다음 친구에게 패스로 공을 전달합니다.
4) 패스를 받은 친구는 바로 반환점을 향해 드리블을 합니다.
5) 가장 먼저 반환점을 돌아온 모둠이 승리한다.

TIP

3~4 팀으로 경기를 진행할 수 있으며, 대기하는 친구들은 다양한 미션을 주어서 보다 많은 활동이 이루어 질 수 있습니다.

3-83 드리블 보물 빼앗기

준비물 : 훌라후프, 농구공(또는 잘 튀기는 공)

적용학년 : 저 중 고

팀 영역에 최대한 많이 농구공을 모으는 게임입니다.

영역: 경쟁 - 영역형 경쟁 - 농구형 게임

놀이방법

1) 모둠별로 사각형 경기장의 양 끝에 팀 영역을 만들고 가운데에 공을 모아 둡니다.
2) 시작신호와 함께 순서대로 달려가 가운데 있는 공을 최대한 빨리 자기 팀 영역으로 공을 드리블해서 가져다 놓습니다.
3) 가운데 놓인 공이 다 떨어지면 상대팀 영역에서 공을 가지고 올 수 있습니다.
4) 정해진 시간에 가장 많은 공을 팀 영역에 가져다 놓은 팀이 승리합니다.

TIP

경기장의 크기를 조절하여 난이도를 조절할 수 있습니다.

3-84 빠르게 패스하기

준비물 : 접시콘, 농구공

적용학년 : 저 중 고

멀리 던진 농구공을 모둠원 전체가 달려가 바운드 패스로 출발선까지 패스하는 게임입니다.

영역: 경쟁 - 영역형 경쟁 - 농구형

놀 이 방 법

1) 모둠별로 출발선에 한 줄로 서고, 첫 번째 친구는 상대방 공을 가지고 있습니다.
2) 시작 신호와 함께 첫 번째 친구는 상대 모둠 공을 최대한 멀리 던집니다.
3) 상대 모둠이 던진 우리공을 최대한 빨리 달려가 잡은 다음, 출발선까지 간격을 두고 줄을 섭니다.
4) 원바운드 패스로 출발선에 있는 친구를 향해 릴레이 패스를 합니다.
5) 가장 먼저 공을 출발선에서 패스를 받으면 승리합니다.

TIP

- 친구에게 안전하게 패스되는 공의 바운드 지점에 대해 친구와 서로 의견을 나눠보고 게임을 시작합니다.
- 고학년의 경우 남녀의 실력 차를 고려하여 패스 받는 위치를 조절하여 경기를 운영합니다.

3-85 정확하게 잡기

준비물 : 공

적용학년 : 저 중 고

친구들에게 번호를 부여하고 호명된 번호의 학생이 공을 정확하게 잡는 게임입니다.

영역: 경쟁 - 필드형 경쟁 - 야구형, 티볼형 게임

놀 이 방 법

1) 친구들은 각자 번호를 부여한 후 원 대형으로 섭니다. 그리고 술래는 원 안에 공을 들고 섭니다.
2) 술래가 공을 바닥에 튀기면서 번호를 외칩니다.
3) 술래가 부른 번호에 친구는 공이 땅에 떨어지기 전에 재빨리 원 안으로 들어가 공을 정확하게 잡습니다. 공을 잡으면 점수를 얻으며, 놓치면 점수를 잃습니다.
4) 술래는 번호를 2명 이상 부를 수 있으며, 이 때에는 먼저 잡는 친구가 점수를 얻고, 잡지 못한 친구는 점수를 잃습니다.
5) 정해진 시간동안 가장 많은 점수를 얻은 친구가 승리합니다.

TIP

- 번호 대신 재미있는 별명이나 접시콘의 색으로 친구들을 호명할 수 있습니다.
- 많은 친구들이 경기에 참여할 수 있게 같은 번호를 여러 명에게 부여할 수 있습니다.

3-86 삼공 발야구

준비물 : 배구공(다양한 공), 루베이스, 바구니

적용학년 : 저 중 고

공을 3개 다 차고 진루하는 발야구의 변형 놀이입니다.

영역: 경쟁 - 필드형 게임 - 발야구형 게임

놀이방법

1) 1루, 2루, 3루 베이스와 홈 플레이트를 놓은 후, 홈 쪽 가까이에 바구니를 놓습니다.
2) 공을 타자 타석에 3개 놓습니다.
3) 타자는 공 3개를 차례대로 경기장을 향해 차고 베이스로 뛰어 진루하도록 합니다.
4) 파울이 발생할 경우 다시 차고 원 스트라이크 처리합니다.
5) 수비는 찬 3개의 공을 패스하며 바구니에 넣습니다.
6) 바구니에 공 3개가 다 들어가면 바구니에서 수비하던 수비수가 "얼음!"을 외치고 주자는 다시 자기가 최종적으로 통과했던 루로 돌아갑니다. (예: 2루를 통과하고 3루까지 뛰던 주자는 다시 2루로 복귀)
7) 팀 전원이 공격을 실시하며, 스트라이크 또는 파울이 3번이면 아웃이 됩니다.

TIP

스트라이크 또는 파울이 3번이면 아웃이 됩니다. (그 외의 아웃은 없으며, 플라이로 잡힌 공도 바구니로 갈 수 있도록 합니다.)

3-87

협동 발야구

준비물 : 홈베이스, 공

적용학년 : 저 중 고

모든 선수들이 참여하여 공격과 수비를 하는 변형 발야구 게임입니다.

영역: 경쟁 - 필드형 경쟁 - 발야구형 게임

놀 이 방 법

1) 베이스는 홈베이스 한곳만 있으며 공격은 베이스에 공을 올려 두고 발로 공을 찹니다.
2) 공을 찬 타자는 자기팀 친구들을 3바퀴를 돌아 홈베이스로 옵니다.
3) 수비의 경우에는 가장 먼저 공을 잡은 사람의 뒤로 1줄로 서서 다리사이로 공을 이어주어 마지막 사람이 공을 들고 홈베이스로 뛥니다.
4) 공격이 먼저 들어오면 1점을 얻고 수비가 먼저 들어오면 아웃이 됩니다.
5) 2명이 아웃이 되면 공격과 수비를 교대하고 보다 많은 점수를 얻은 팀이 승리합니다.

TIP

남녀의 특성과 학년의 특성에 따라 돌아야 할 바퀴를 정할 수도 있습니다.

3-88 배드민턴 릴레이

준비물 : 셔틀콕, 배드민턴 라켓　적용학년 : 저 중 고

배드민턴 라켓으로 셔틀콕을 치며 모둠별로 기록을 내는 게임입니다.

영역: 경쟁 - 네트형 경쟁 - 배드민턴형 게임

놀 이 방 법

1) 모둠별로 시작 순서를 정합니다.
2) 첫 번째 친구가 셔틀콕을 떨어뜨리지 않고 배드민턴을 치고 다른 친구들은 숫자를 셉니다.
3) 한 명이 끝나면 다음 친구가 이어서 셔틀콕을 치고, 숫자는 계속 합산해서 셉니다.
4) 같은 방법으로 릴레이 형식으로 셔틀콕을 치고, 가장 많이 친 모둠이 승리합니다.

TIP

배드민턴이 익숙하지 않은 학생들인 2번 기회를 주는 방법을 이용하여, 자신감을 가질 수 있도록 도와줍니다.

3-89 3인 배드민턴

준비물 : 네트, 콕, 배드민턴라켓 적용학년 : 저 중 고

3명이 구역을 나누어 배드민턴 경기를 하는 놀이입니다.

영역: 경쟁 - 네트형 게임 - 배드민턴형 게임

놀 이 방 법

1) 3명이 한 팀으로 구성하여 각자의 코트에 섭니다.
2) 코트는 전위, 후위로 나누어 전위에 1명, 후위에 2명에 각자의 영역에 게임을 진행합니다.
3) 서브는 후위의 두 친구가 번갈아가며 실시합니다.
4) 자신의 영역을 책임지고 다른 친구의 영역을 침범하지 않도록 합니다.
5) 15점을 1세트로 진행합니다.

TIP

영역의 크기와 인원수를 조절하여 진행합니다.

3-90 원바운드 족구

준비물 : 작은 짐볼, 네트

적용학년 : 저 중 고

작은 짐볼을 이용한 원바운드 족구형 게임입니다.

영역: 경쟁 - 네트형 경쟁 - 족구형 게임

놀이 방법

1) 두 모둠으로 나눈 후 네트가 쳐진 게임장에 섭니다.
2) 일반적인 족구의 방법과 같은 방법으로 진행합니다.
3) 서브, 리시브, 토스, 스파이크 모두 바닥에 1회 바운드를 허용합니다.
4) 이때, 바운드는 반드시 경기장 선에서 안에서 이루어져야 합니다.
5) 15점을 먼저 얻은 모둠이 승리합니다.

TIP

네트 설치가 어려울 경우 경기장 중간에 두 선을 그어 네트 역할을 하도록 운영할 수 있습니다.

3-91 수건 배구

준비물 : 수건, 배구공

적용학년 : 저 중 고

2명이 한 조가 되어 수건을 이용해 네트를 넘어온 공을 넘기는 변형 배구 게임입니다.

영역: 경쟁 - 네트형 게임 - 배구형 게임

놀 이 방 법

1) 두 모둠으로 나눈 후 2인 1조로 수건을 마주 잡고 섭니다.
2) 수건에 공을 올려놓은 후 상대 모둠으로 서비스를 넣으면 경기를 시작됩니다.
3) 넘어온 공은 바닥에 수건으로 바로 받거나 또는 한 번 바운드 시킨 후 받을 수 있습니다.
4) 공을 받은 후 그 자리에서 3초 이내에 패스하거나 상대영역으로 넘겨야 합니다.
5) 공은 3번 안에 반드시 상대편에게 보내야 합니다.
6) 15점을 먼저 얻은 모둠이 승리합니다.

TIP

- 게임 중에는 반드시 수건을 마주잡고 있도록 합니다.
- 네트 위로 공을 넘기기 위해서 두 사람의 호흡이 매우 중요합니다.

3-92 원바운드 배구

준비물 : 큰 짐볼(빅 발리볼), 네트 적용학년 : 저 중 고

큰 짐볼을 이용한 변형 원바운드 배구 게임입니다.

영역: 경쟁 - 영역형 경쟁 - 배구형 게임

놀이방법

1) 두 모둠으로 나눈 후 경기장 안에 섭니다.
2) 짐볼을 이용하여 배구경기를 진행합니다.
3) 공을 받거나 패스할 때 바로 받거나 또는 한 번 바운드 시킨 후 받을 수 있습니다.
4) 공은 3번 안에 반드시 상대편에게 보내야 합니다.
5) 15점을 먼저 얻은 모둠이 승리합니다.

TIP

공격을 할 때 상대의 얼굴이 아닌 바닥에 할 수 있도록 안내합니다.

3-93

협동 배구 놀이

준비물 : 풍선공

적용학년 : 저 중 고

세 모둠으로 나누어 하는 협동 배구 놀이입니다.

영역: 경쟁 - 네트형 게임 - 배구형 게임

놀이방법

1) 세 모둠으로 나눈 후 한 모둠은 인간 네트가 되어 가운데에 한 줄로 섭니다.
2) 정해진 구역에서 언더핸드 서비스를 하여 게임을 시작합니다.
3) 넘어온 풍선공을 인간 네트를 피해 3회 이내에 상대 영역으로 보내야 합니다.
4) 인간 네트 모둠은 점프해서는 안되며, 풍선공을 잡으면 1점을 얻습니다.
5) 세 모둠 중 먼저 15점을 얻는 모둠이 승리합니다.

TIP

- 게임을 진행하기 전과 중간에 인간 네트를 잘 넘기기 위한 전략토의를 합니다.
- 모둠의 역할을 번갈아 가며 게임을 진행합니다.
- 풍선을 상대방 공간으로 넘기기 어려울 경우 넘기는 회수를 조정할 수 있습니다.

3-94 평균대 가위바위보

준비물 : 평균대(마스킹테이프) 적용학년 : 저 중 고

모둠별로 가위 바위 보를 하며 평균대 끝에 먼저 도달하면 승리하는 게임입니다.

영역: 도전 - 동작 도전 - 평균대운동

놀이방법

1) 두 팀으로 나눠서 평균대 양 끝에 한 줄로 섭니다.
2) 각 팀의 첫 번째 주자가 출발하여 평균대 반대쪽으로 이동합니다.
3) 이동 중 상대팀 친구를 만나면 가위 바위 보를 하고 이긴 친구는 계속 전진하고 진 친구는 평균대 아래로 내려갑니다.
4) 진 모둠의 다음 친구는 신속하게 평균대로 올라가 출발합니다.
5) 같은 방법으로 가위 바위 보를 반복하며 먼저 상대방의 평균대 끝에 도달하면 승리하는 게임입니다.

TIP

- 평균대를 2~3개를 옆으로 이어서 진행하면 보다 안전한 게임이 됩니다.
- 평균대가 위험한 저학년의 경우 바닥에 마스킹테이프를 이용하여 게임을 진행할 수 있습니다.
- 평균대에서 떨어질 수 있으므로 반드시 평균대 아래 안전 매트를 준비해야 합니다.

3-95 평균대 자리 바꾸기

준비물 : 평균대

적용학년 : 저 중 고

평균대 위에서 떨어지지 않고 자리를 바꾸는 게임입니다.

영역: 도전 - 동작 도전 - 평균대

놀 이 방 법

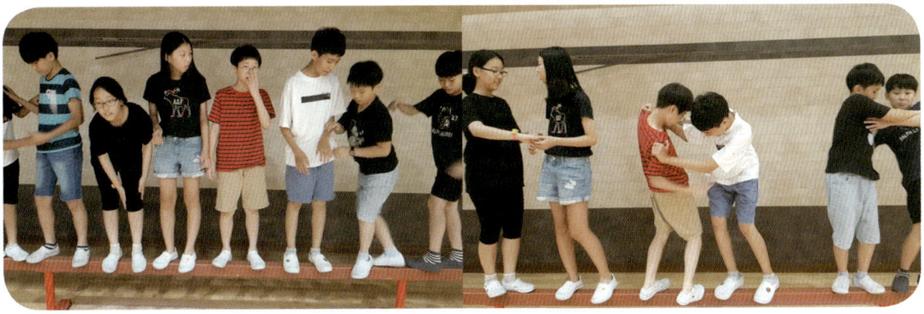

1) 모둠 전체가 평균대 위에 올라갑니다.
2) 평균대 왼쪽 첫 번째 친구가 올라가 있는 친구들과 협력하여 오른쪽 끝으로 이동합니다.
3) 계속 차례대로 왼쪽 끝에서 오른쪽 끝으로 이동합니다.
4) 떨어지지 않고 모둠 원 모두 자리를 가장 빨리 바꾼 모둠이 승리합니다.

TIP

- 낮은 평균대를 이용하거나 모둠 인원을 조정하여 난이도를 조절할 수 있습니다.
- 평균대에서 떨어질 수 있으므로 반드시 평균대 아래 안전 매트를 준비해야 합니다.

3-96 온 몸 윷놀이

준비물 : 안대, 매트, 원마커

적용학년 : 저 중 고

학생들이 윷놀이의 윷과 말이 되어 실시하는 변형 윷놀이 게임입니다.

영역: 건강 - 여가활동

놀이방법

1) 각 모둠에서 윷 역할 2명과 말 역할을 나눈 후 윷 역할 친구들은 안대를 합니다.
2) 말 역할 친구들의 "하나 둘 셋" 신호에 따라 우리 모둠 윷 2명과 상대 모둠 윷 2명은 눕거나 엎드리는 동작을 합니다.
3) 말 역할 친구들이 윷의 형태를 보고 "(예를 들어) 개!"를 외치면 윷 역할 친구들이 안대를 벗어 확인 후 말을 이동합니다.
4) 기존 윷놀이 규칙과 같은 방법으로 게임을 진행합니다.
5) 먼저 말이 돌아온 모둠이 승리합니다.

TIP

- 눕거나 엎드리는 동작대신에 앉거나 일어서는 동작으로 할 수 있습니다.
- 말 역할을 하는 친구의 수를 늘리거나, 윷 역할 돌아가면서 진행할 수 있습니다.

3-97 플레이스틱 주고받기

준비물 : 플레이스틱

적용학년 : 저 중 고

플레이스틱과 친해지기 위한 3가지 주고받기 게임입니다.

영역: 도전 - 표적/투기 도전

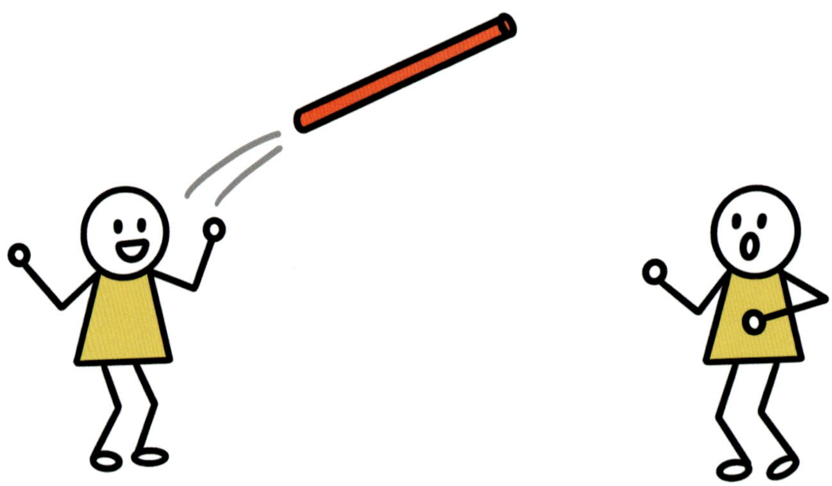

놀이방법

1) 2명이 한조가 되어 플레이스틱을 한 개를 들고 섭니다.
2) 플레이스틱을 단계별로 주고받습니다.
   1단계 : 플레이스틱에 회전을 주어 친구와 주고받습니다.
   2단계 : 각자 1개씩의 플레이스틱을 동시에 던지며 주고받습니다.
   3단계 : 한 명이 플레이스틱을 로켓처럼 수직으로 높게 던지면 다른 친구가 받습니다.

TIP

- 플레이스틱을 던질 때 회전을 주어 던지도록 지도합니다.
- 플레이스틱을 주고받으면서 플레이스틱의 질감과 특징을 느끼는 시간을 갖습니다.

3-98 플레이스틱 펜싱 놀이

준비물 : 플레이스틱

적용학년 : 저 중 고

플레이스틱을 이용하여 상대방의 발등을 먼저 터치하면 승리하는 펜싱 게임입니다.

영역: 도전 - 표적/투기 - 펜싱

놀이방법

1) 라인 위에서 두 명이 플레이스틱을 들고 서로 마주 봅니다.
2) 실제 펜싱 경기처럼 라인에 다리가 벗어나지 않도록 균형을 잡고, 플레이스틱을 펜싱 경기의 칼이고 생각합니다.
3) 플레이스틱으로 상대방의 발등을 먼저 터치하면 1점을 획득합니다.
4) 동시에 터치한 경우 가위 바위 보를 통해 점수를 획득하거나, 두 사람 모두 1점을 획득하게 됩니다.

TIP

- 발등 이외의 머리나 배 등을 찌르지 않도록 안전교육을 실시합니다.
- 3인 1조로 2명은 경기, 1명은 심판을 보면서 순환식 게임으로 운영할 수 있습니다.

3-99 외나무다리 가위 바위 보

준비물 : 플레이스틱

적용학년 : 저 중 고

플레이스틱을 각자 밟고 자기소개 후 가위 바위 보를 하는 게임입니다.

영역: 건강 - 여가와 운동 체력 - 운동체력 증진활동(평형성)

놀 이 방 법

1) 모든 친구가 플레이스틱을 1개씩 들고 섭니다.
2) 시작 신호와 함께 이동하며 친구를 만나면, 각자 자신의 플레이스틱을 밟으면서 균형을 잡고 서로 인사와 소개를 합니다.
3) "안녕하세요 저는 000입니다.", "안녕하세요 저는 000입니다.", "저희 가위 바위 보 해볼까요?"
4) 인사와 소개 후 가위 바위 보를 하고 진 친구는 플레이스틱을 위로 들었다가 내리는 역도 벌칙을 3회 실시합니다.

TIP

학기 초 학급 친구들이 서로 알아가는 친교활동으로 활용하면 좋습니다.

3-100 갈대를 세워라

준비물 : 플레이스틱

적용학년 : 저 중 고

모둠원이 원형으로 모여 옆으로 한 칸 이동하여 플레이스틱을 잡는 게임입니다.

영역: 건강 - 여가와 운동 체력 - 운동체력 증진활동(민첩성, 협응성)

놀 이 방 법

1) 모둠원이 원형으로 모여 플레이스틱을 들고 섭니다.
2) 플레이스틱을 약간 기울인 상태에서 반 시계 방향으로 몸을 한 칸 이동하여, 다른 친구가 들고 있던 플레이스틱을 잡습니다.
3) 모든 친구가 성공한 경우 1점을 획득하며, 연속적으로 성공하여 처음 시작했던 자리에 도착한 경우 보너스 점수 3점을 더 얻습니다.
4) 처음 시작했던 자리에 도착한 경우 반대방향(시계 방향)으로 이동하는 방법으로 다시 시작합니다.

TIP

- 이동하는 방향이 엇갈리는 경우 충돌위험이 있으므로 주의합니다.
- 이동하기 전에 "하나! 둘! 셋!" 또는 모둠 구호를 외치게 하면 성공 확률이 높습니다.

3-101 플레이스틱 이어달리기

준비물 : 플레이스틱, 라바콘

적용학년 : 저 중 고

플레이스틱을 이용한 변형 이어달리기 게임입니다.

영역: 도전 - 속도 도전 - 이어달리기

놀 이 방 법

1) 플레이스틱 배턴 이어달리기 : 플레이스틱을, 배턴으로 활용하여 이어달리기를 진행합니다.
2) 플레이스틱 균형 이어달리기 : 플레이스틱을 손바닥으로 균형을 잡고, 라바콘을 돌아오는 이어달리기입니다.
3) 플레이스틱 기차 이어달리기 : 두 명이 한조가 되어 양손에 플레이스틱을 기차처럼 들고 출발하여 이어달리기입니다.

TIP

달리는 도중 플레이스틱에 걸려 넘어지지 않도록 안전교육을 실시합니다.

3-102 플레이스틱 2인3각

준비물 : 플레이스틱, 라바콘

적용학년 : 저 중 고

2인 1조로 플레이스틱을 발등에 올려놓은 상태에서 달리는 릴레이 게임입니다.

영역: 도전 - 속도 도전 - 이어달리기

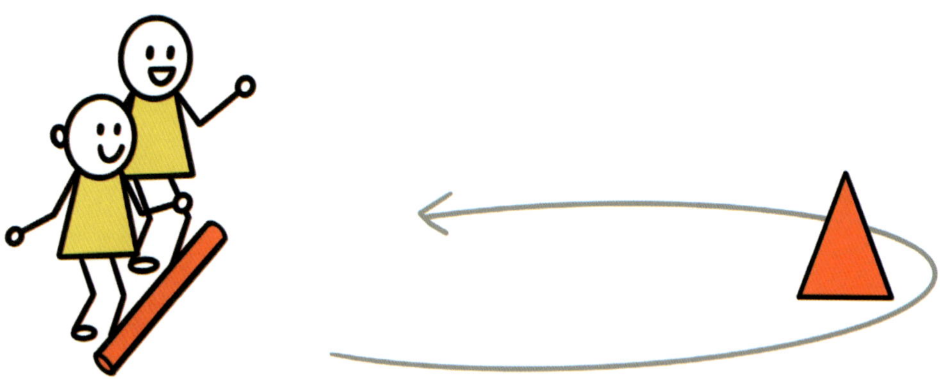

놀 이 방 법

1) 모둠별로 출발선에 2명씩 짝을 이루고 섭니다.
2) 출발신호와 함께 짝과 함께 플레이스틱을 발 등에 올려놓고 플레이스틱이 떨어뜨리지 않고 반환점을 돌고 옵니다.
3) 플레이스틱이 떨어진 경우, 출발점으로 다시 돌아와 출발합니다.
4) 반환점을 먼저 돌아온 팀이 승리하는 게임입니다.

TIP

플레이스틱을 발등에서 떨어뜨리지 않는 방법을 학생들이 창의적으로 찾을 수 있도록 연습시간을 충분히 주고난 후 게임을 시작합니다.

3-103 H 릴레이

준비물 : 플레이스틱, 라바콘　　적용학년 : 저 중 고

2명이 한 조가 되어 옆구리에 플레이스틱을 서로 지탱하여 반환점을 돌아오는 이어달리기 게임입니다.

영역: 도전 - 속도 도전 - 이어달리기

놀 이 방 법

1) 모둠별로 출발선에 2명씩 짝을 이루고 섭니다.
2) 출발 신호와 함께 서로 옆구리에 플레이스틱을 지탱하고 라바콘을 돌아 옵니다.
3) 출발선에서 다음 친구들에게 플레이스틱을 넘겨주면, 같은 방법으로 플레이스틱 양 쪽 옆구리로 균형 잡아 출발합니다.
4) 마지막 친구들이 먼저 도착하면 모둠이 승리합니다.

TIP

공간이 좁거나, 움직임이 제한적인 교실에서 하는 경우 이마를 이용한 2인 3플레이각 릴레이를 실시할 수 있습니다.

실내놀이

3-104 플레이스틱 콩콩 릴레이

준비물 : 플레이스틱, 라바콘

적용학년 : 저 중 고

발과 발 사이에 플레이스틱을 끼운 상태로 점프하여 반환점을 돌아오는 릴레이 게임입니다.

영역: 도전 - 속도 도전 - 이어달리기

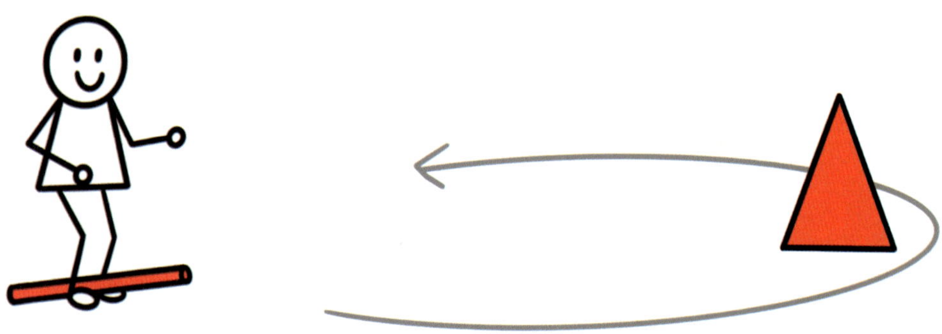

놀 이 방 법

1) 모둠별로 출발선에 선후 플레이스틱을 발과 발 사이에 끼우고 섭니다.
2) 출발신호와 함께 두 발로 점프하는 방법으로 반환점을 돌아오고, 다음 주자에게 플레이스틱을 전달합니다.
3) 플레이스틱이 발 사이에서 빠진 경우 그 자리에서 다시 플레이스틱을 발에 끼워 출발합니다.
4) 모든 주자가 반환점을 먼저 돌아온 팀이 승리하는 게임입니다.

TIP

발과 발 사이에 플레이스틱을 끼우는 방법을 바꾸어 게임을 진행할 수 있습니다.

3-105 공왕 가마 게임

준비물 : 플레이스틱, 공

적용학년 : 저 중 고

2인 1조로 2개의 플레이스틱을 이용하여 공을 운반하여 돌아오는 릴레이 게임입니다.

영역: 도전 - 속도 도전 - 이어달리기

놀 이 방 법

1) 2인 1조로 플레이스틱을 2개 들고, 그 위에 공을 올려놓습니다.
2) 출발신호와 함께 2인 1조로 공을 반환점까지 운반합니다.
3) 반환점에서 준비하고 있는 2번째 친구들은 공을 받아 출발합니다. 이때, 공을 받을 때는 손을 이용할 수 있습니다.
4) 이동하는 중 공을 떨어뜨린 경우 다시 출발 지점으로 돌아와 출발합니다.
5) 모든 친구들이 먼저 도착한 팀이 승리합니다.

TIP

3번 이상 공을 떨어뜨린 경우 다시 출발점으로 돌아가지 않고 그 자리에서 공을 손으로 플레이스틱에 올려놓고 바로 출발합니다.

3-106 플레이스틱을 구해줘

준비물 : 플레이스틱

적용학년 : 저 중 고

떨어지는 플레이스틱을 일정한 길이로 잡으면서 눈과 손의 협응력을 기르는 놀이입니다.

영역: 건강 - 여가와 운동 체력 - 운동체력 증진활동(민첩성, 협응성)

놀이방법

1) 플레이스틱 아래 끝 부분을 잡고 서 있습니다.
2) 선생님이 호루라기를 1번 불면 플레이스틱의 절반을, 2번 불면 플레이스틱의 위쪽 끝부분을 잡습니다.
3) 만약 선생님이 호루라기를 1번 불고, 또 1번을 불면 플레이스틱의 1/4 부분을 잡습니다.
4) 2번 불어서 끝부분을 잡게 되면 다시 처음 자세로 돌아가 준비를 합니다.

TIP

- 모둠별 대항전 경기로 진행할 수 있습니다.
- 잡고 있는 상태에서 놓는 미션을 충분히 성공한 경우, 하늘에 수직으로 던져서 잡는 미션에 도전할 수 있습니다.

3-107 허수아비 얼음땡

준비물 : 플레이스틱

적용학년 : 저 중 고

허수아비, 벼, 참새가 되어 술래잡기를 하는 게임입니다.

영역: 경쟁 - 경쟁의 기초 - 태그형, 럭비형 게임

놀 이 방 법

1) 술래를 정한 후 술래는 플레이스틱 2개를 허수아비처럼 양손으로 벌린 상태로 게임장 안에 섭니다.
2) 시작 신호와 함께 허수아비(술래)는 다른 친구들을 잡습니다.
3) 도망치는 친구들은 잡힐 것 같으면 "벼"를 외치고 요가 자세로 서 있습니다.
4) "벼"가 된 친구를 다른 친구들이 "참새"라고 외치며 터치해서 풀어줄 수 있습니다.
5) 술래가 다른 친구를 잡으면 그 친구가 술래가 됩니다.

TIP

술래는 허수아비처럼 플레이스틱을 양손으로 벌린 상태로 이동해야 하며, 플레이스틱을 휘두르지 않도록 주의합니다.

3-108 리액션볼 잡기

준비물 : 리액션볼

적용학년 : 저 중 고

불규칙 바운드를 하는 리액션 볼을 잡는 게임입니다.

영역: 건강 - 여가와 운동체력 - 유연성, 순발력

놀이방법

1) 짝 활동으로 한 명은 리액션볼을 가지고 게임장 안에서 섭니다.
2) 리액션 공을 바운드가 상대 구역에서 이루어지도록 던집니다.
3) 자기 구역으로 던져진 리액션볼이 1번 바운드를 하면 신속하게 공을 잡습니다.
4) 같은 방법으로 상대편 구역에 공을 던지고 받는 형태로 반복합니다.
5) 상대 친구가 공을 잡지 못하면 점수를 얻습니다.
6) 정해진 시간 동안 더 많은 점수를 얻은 친구가 승리합니다.

TIP

- 리액션볼을 위에서 아래로 향하게 던지지 않고 항상 아래에서 위로 토스하는 형태로 던집니다.
- 익숙해지면 공을 받자마자 바로 상대 구역에 던지는 형태로 놀이를 진행할 수 있습니다.

3-109 리액션볼 왼쪽 오른쪽

준비물 : 리액션볼

적용학년 : 저 중 고

오른쪽과 왼쪽 중 한쪽에서 떨어지는 리액션 볼을 불규칙 바운드를 고려하여 신속하게 잡는 게임입니다.

영역: 건강 - 여가와 운동체력 - 유연성, 순발력

놀 이 방 법

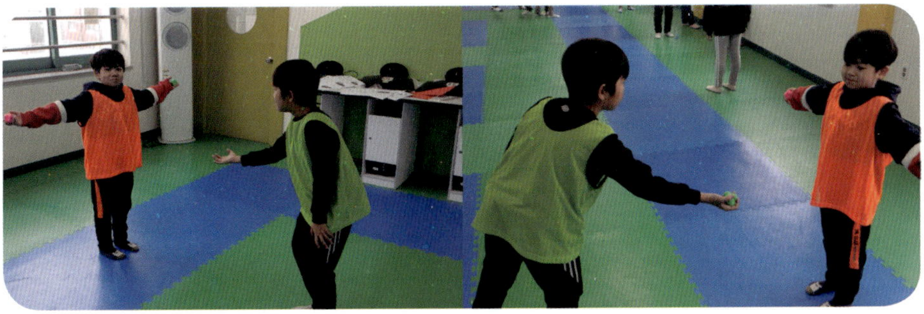

1) 상대방과 마주 보고 선 후 양팔을 벌리고 양손에 리액션볼을 각각 하나씩 잡고 있습니다.
2) 공격하는 친구는 양손 중 하나를 선택해서 리액션볼을 놓습니다.
3) 공이 떨어지면 수비하는 친구는 원바운드가 된 리액션볼을 신속하게 잡습니다.
4) 상대 친구가 공을 잡지 못하면 공격과 수비를 교대합니다.
5) 보다 많은 횟수의 리액션볼을 잡은 친구가 승리합니다.

TIP

- 공격하는 친구와 수비하는 친구 사이의 거리로 난이도를 조절할 수 있습니다.
- 고학년의 경우 바닥에 엎드려 있다가 리액션볼이 떨어지는 순간 일어나서 잡는 형태로 놀이를 진행할 수 있습니다.

440

Part 4
운동장놀이

4-1 가위바위보 준비운동

준비물 : 없음

적용학년 : 저 중 고

가위 바위 보 하여 미션을 수행하고 돌아오는 게임입니다.

영역: 도전 - 속도 도전 - 단거리달리기

놀이방법

1) 2인 1조로 가위 바위 보를 하기 전에 목표지점을 정합니다.
2) 이긴 친구는 제자리에서 팔벌려 높이뛰기 3회를 하고, 진 친구는 목표 지점을 터치하고 돌아옵니다.
3) 비긴 경우에는 두 친구 모두 목표지점을 터치한 후 돌아와야 합니다.
4) 가위 바위 보를 한 후 파트너를 바꾸어 다시 가위 바위 보를 하고, 미션을 진행합니다.

운동장놀이

TIP

목표지점을 터치 후 돌아올 때 다른 친구들과 충돌하지 않도록 주의합니다.

4-2 가위바위보 릴레이

준비물 : 없음

적용학년 : 저 중 고

상대팀 대표와 가위 바위 보를 하여 여러 상황(승리, 패배, 무승부)에 맞는 동작을 한 후 반환점을 돌아오는 게임입니다.

영역: 도전 - 속도 도전 - 단거리달리기

놀 이 방 법

1) 각 팀별로 대표 1명씩을 뽑고 가운데 콘 옆에 섭니다.
2) 1번 주자가 출발하여 상대편 대표와 가위 바위 보를 합니다.
3) 이겼을 경우 출발지점으로 가서 2번 주자와 터치하고, 비겼을 경우에는 제자리에서 팔벌려 높이뛰기 3회, 졌을 경우에는 상대편 대표 뒤에 있는 반환점을 돌고 와야 합니다.
4) 마지막 주자가 가위 바위 보를 이기고 출발점에 먼저 도착하는 팀이 승리하는 게임입니다.

TIP

- 비겼을 경우와 졌을 경우에는 이길 때까지 가위 바위 보를 해야 합니다.
- 가위 바위 보를 하는 대표를 1명 더 추가하는 경우 학생들의 운동량이 더 많아집니다.

운동장놀이

4-3 공보다 빠르게

준비물 : 접시콘, 공

적용학년 : 저 중 고

술래가 친구들이 패스하는 공보다 먼저 되돌아오는 게임입니다.

영역: 도전 - 속도 도전 - 달리기

놀이방법

1) 전체가 원을 크게 만든 후 술래는 공을 들고 원 밖에 섭니다.
2) 술래는 한 친구에게 공을 패스하고 원을 따라 빠르게 달립니다.
3) 공을 받은 친구는 반시계 방향으로 옆에 있는 친구에게 패스합니다.
4) 공보다 술래가 먼저 들어오면 술래가 승리합니다.
5) 다음 친구가 술래가 되어서 같은 방법으로 놀이를 진행합니다.

운동장놀이

TIP

술래가 원 안에서 패스하고 원을 따라 달릴 수도 있습니다.

4-4 늘어나는 공 릴레이

준비물 : 공, 라바콘

적용학년 : 저 중 고

공의 수를 늘려가며 반환점을 돌아오는 릴레이 게임입니다.

영역: 도전 - 속도 도전 - 이어달리기

놀 이 방 법

1) 모둠별로 출발선에 1~3번 주자는 공을 1개씩 들고 한 줄로 섭니다.
2) 1번 주자는 공 1개를 들고 반환점을 돌고 2번 주자에게 넘깁니다.
3) 2번 주자는 자기가 들고 있는 공과 1번 주자에 받은 공 총 2개를 들고 반환점을 돌고 3번 주자에게 넘깁니다.
4) 3번 주자는 공 3개를 들고 반환점을 돌아옵니다.
5) 3번 주자가 4번 주자에게 3개의 공을 넘기면, 4~6번 주자는 공을 1개씩 나누어 들고 4번 주자가 1개의 공을 들고 있는 상태에서 출발합니다.
6) 이런 방법으로 마지막 주자가 반환점을 돌고 출발점에 먼저 도착하는 팀이 승리하는 게임입니다.

TIP

공을 떨어뜨린 경우 공을 바로 주워 들고 뛰어야 하며, 공을 발로 차거나 굴리지 않도록 주의합니다.

운동장놀이

4-5 늘어나는 바톤 릴레이

준비물 : 없음

적용학년 : 저 중 고

바톤의 수를 늘려가며 반환점을 돌아 오는 릴레이 게임입니다.

영역: 도전 - 속도 도전 - 이어달리기

놀이방법

1) 4명이 한 팀이 되어, 운동장 한 바퀴를 기준으로 양쪽에 각 팀이 출발선에 섭니다.
2) 1번 주자부터 4번 주자까지 바톤 1개씩 들고 출발선에서 대기하고, 운동장을 한 바퀴 돈 후 들고 있는 바톤을 다음 주자에게 전달합니다.
3) 2번 주자는 1번 주자에게 받은 바톤과 자기 바톤 총 2개, 3번 주자는 3개, 4번 주자는 4개의 바톤을 들고 운동장 한 바퀴를 돌아옵니다.
4) 가장 빨리 마지막 주자가 도착하는 팀이 승리하는 게임입니다.

TIP

- 바톤을 떨어트리면 다시 주워서 달립니다.
- 팀 인원수에 따라 바톤의 수를 조정하여 진행할 수 있습니다.

운동장놀이

4-6 종이 달리기

준비물 : 종이

적용학년 : 저 중 고

손바닥에 있는 종이를 떨어트리지 않고 반환점을 돌아오는 릴레이 게임입니다.

영역: 도전 - 속도 도전 - 이어달리기

놀이방법

1) 두 팀으로 나누어 출발선에 한 줄로 섭니다.
2) 출발 신호와 함께 손바닥에 종이를 댄 상태에서 달려갑니다. 이때 절대 종이를 접거나 잡아서는 안 됩니다.
3) 종이를 떨어트렸을 경우 그 자리에서 팔 벌려 높이뛰기를 1회 실시하고 다시 종이를 손바닥에 대고 출발합니다.
4) 반환점을 돌아온 뒤 다음 친구에게 종이를 전달합니다.
5) 마지막 친구가 먼저 도착하는 팀이 승리합니다.

TIP

종이가 찢어지지 않도록 주의합니다.

4-7 휴지 달리기

준비물 : 휴지

적용학년 : 저 중 고

가슴에 댄 휴지가 떨어지지 않도록 빠르게 달린 후 다음 주자에게 전달하는 이어달리기 게임입니다.

영역: 도전 - 속도 도전 - 이어달리기

놀이방법

1) 두 팀으로 나누어 출발선에 한 줄로 섭니다.
2) 출발 신호와 함께 배나 가슴에 휴지를 댄 상태에서 달려갑니다. 이때 절대 휴지를 잡아서는 안 됩니다.
3) 휴지를 떨어뜨렸을 경우 그 자리에서 팔 벌려 높이뛰기를 1회 실시한 후 다시 출발합니다.
4) 반환점을 돌아온 뒤 다음 친구에게 휴지를 전달합니다.
5) 마지막 친구가 먼저 도착하는 팀이 승리합니다.

TIP

바람이 많이 부는 날에는 신문지 1장을 사용합니다.

4-8 몬스터 피해 달리기

준비물 : 라바콘

적용학년 : 저 중 고

몬스터의 팔을 피해 이어달리기를 하는 놀이입니다.

영역: 도전 - 속도 도전 - 장애물, 이어달리기

놀 이 방 법

1) 학급의 모둠을 3개 모둠으로 나누어 한 모둠은 몬스터(장애물)역할을 하고 나머지 두 모둠은 출발선에 섭니다.
2) 몬스터 모둠은 원마커 위로 올라가 장애물이 되어 제자리에서 좌우로 팔을 움직여 달리는 친구들을 터치합니다. 이때, 터치가 된 친구는 다시 출발선에서 출발합니다.
3) 달리는 친구들은 몬스터를 지그재그로 피하면서 최대한 빨리 반환점을 돌아와야 합니다.
4) 마지막 친구가 몬스터를 피해 먼저 돌아오는 모둠이 승리합니다.

운동장놀이

TIP

몬스터(장애물)의 간격이 너무 좁으면 쉽게 터치당하기 때문에 몬스터의 간격은 3m 이상 배치하는 것이 좋습니다.

4-9 컵쌓기 릴레이

준비물 : 종이컵 또는 스포츠스태킹　적용학년 : 저 중 고

컵을 릴레이로 높이 쌓아 올리는 놀이입니다.

영역: 도전 - 속도 도전 - 단거리달리기

놀 이 방 법

1) 한 명 당 5개의 컵을 가지고 모둠별로 출발선에 대기합니다.
2) 출발신호와 함께 첫 번째 학생이 가지고 있는 컵을 목적지에 쌓고 돌아와 다음 학생에게 터치합니다.
3) 마지막 학생이 출발점에 돌아왔을 때 높이 쌓여진 컵의 모둠이 승리합니다.
4) 컵이 중간에 떨어지면 해당 학생이 다시 모든 컵을 쌓습니다.
5) 다양한 방법으로 모든 컵을 사용하여 가장 높게 컵을 쌓도록 도전합니다.
6) 먼저 돌아온 팀은 1점, 더 높이 쌓은 팀도 1점을 줍니다.

TIP

- 높이 쌓는 것 대신 정해진 모양으로 쌓고 돌아오는 게임으로 변형할 수 있습니다.
- 한 주자가 컵을 쌓을 수 있는 시간은 20초로 제한합니다.

4-10 우리편 가위바위보

준비물 : 없음

적용학년 : 저 중 고

가위 바위 보를 하여 이기면 진 친구를 잡고, 진 친구는 자기 팀으로 도망치는 게임입니다.

영역: 경쟁 - 경쟁의 기초 - 태그형 게임

놀 이 방 법

1) 두 팀으로 나누어 마주 보고 출발선에 섭니다.
2) 각 팀의 1명씩 나와 중앙에서 상대팀 친구와 가위 바위 보를 합니다.
3) 이기면 진 친구를 잡고, 지면 자기 팀 본부로 도망칩니다.
4) 진 친구를 본부에 가기 전에 잡게 되면 우리 팀이 됩니다.
5) 정해진 시간 동안 팀 인원이 더 많은 쪽이 승리합니다.

TIP

3~4 팀으로 나누어서 경기를 진행할 수 있습니다.

4-11 고깔 보물 찾기

준비물 : 고깔, 콩주머니

적용학년 : 저 중 고

고깔을 얼굴 앞으로 쓰고 작은 구멍을 보면서 콩주머니를 갖고 오는 게임입니다.

영역: 건강 - 여가와 운동방법 - 여가활동

놀 이 방 법

1) 두 팀으로 나누어 출발선에 선 후 첫 번째 친구는 고깔을 앞으로 씁니다.
2) 고깔을 쓴 친구는 작은 구멍으로 보면서 콩주머니 1개 가지고 출발선에 돌아온 후 고깔을 다음 친국에게 전달합니다.
3) 같은 방법으로 경기를 진행하고, 정해진 시간에 콩주머니를 더 많이 가져온 팀이 승리합니다.

TIP

- 뛰지 말고 걸어서 갈 수 있도록 안전교육을 실시합니다.
- 1개씩 가져오는 규칙을 "갖고 올 수 있는 만큼"으로 바꿔서 진행할 수 있습니다..

4-12 모자 술래잡기

준비물 : 모자 1개

적용학년 : 저 중 고

모자 쓴 술래를 피하는 변형 술래잡기 게임입니다.

영역: 경쟁 - 경쟁의 기초 - 태그형 게임

놀 이 방 법

1) 친구들은 정해진 게임장 안에 들어오고 술래 한 명을 정합니다.
2) 술래는 모자를 쓰고 모자를 쓰지 않은 친구들을 터치합니다.
3) 술래가 도망가는 학생을 잡으면 모자를 주고 역할이 바뀝니다.
4) 모자를 쓸 술래는 계속 바뀌면서 교사의 '그만' 이라는 외쳤을 때 모자를 쓰고 있는 학생은 벌칙을 수행합니다.

TIP 얼음땡 놀이로 변형하여 진행할 수 있습니다.

4-13 쥐와 고양이

준비물 : 없음

적용학년 : 저 중 고

가위 바위 보를 통해 쥐와 고양이가 되어 잡고 잡히는 게임입니다.

영역: 경쟁 - 경쟁의 기초 - 태그형 게임

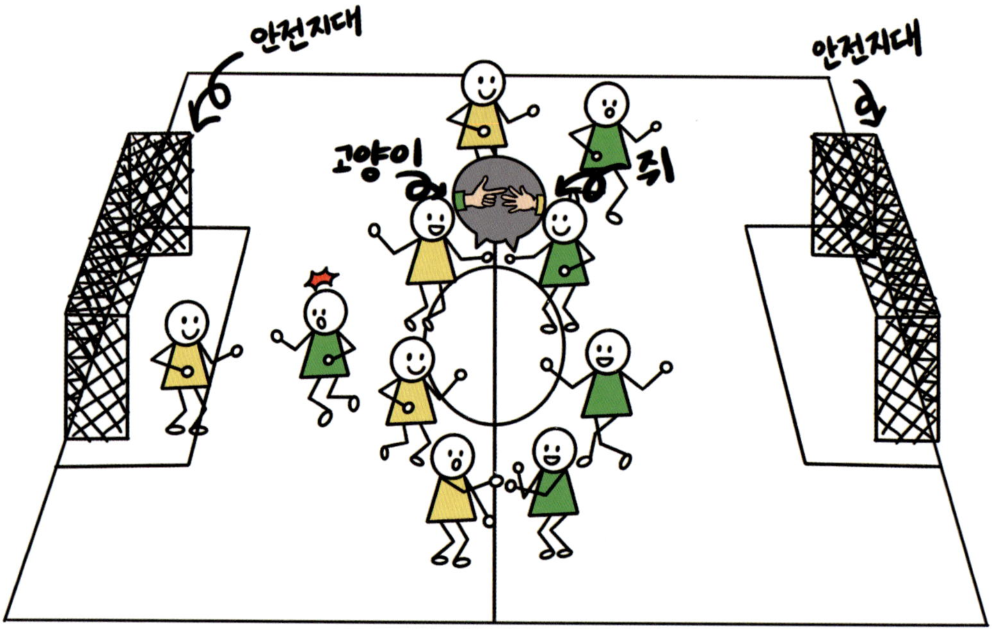

놀 이 방 법

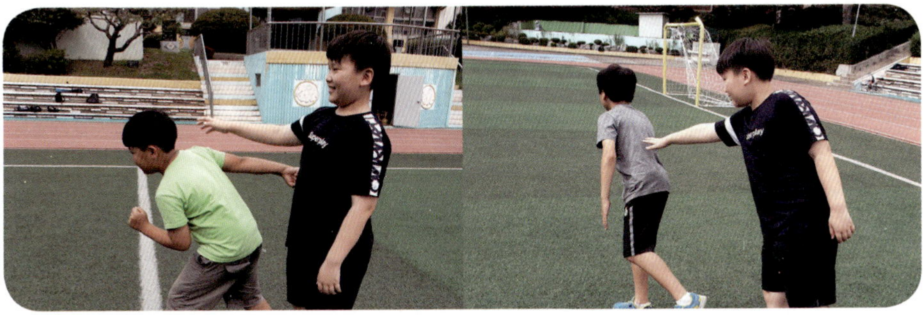

1) 두 팀으로 나누어 운동장 중앙에서 마주보고 섭니다.
2) 시작신호와 함께 마주 선 두 친구는 가위 바위 보를 한 후 이긴 친구는 고양이가 되고, 진 친구는 쥐가 됩니다.
3) 고양이는 쥐를 잡기 위해 달려가며 쥐는 안전지대인 축구 골대 안으로 들어갑니다.
4) 고양이가 쥐를 잡으면 고양이 1점, 쥐가 잡히지 않으면 쥐가 1점을 얻습니다.
5) 같은 방법으로 경기를 계속 진행합니다.
6) 정해진 시간동안 더 많은 점수를 얻은 팀이 승리합니다.

TIP
가위 바위 보를 하는 대상을 계속 바꾸어 진행하도록 합니다.

4-14 여우야 여우야 1

준비물 : 훌라후프

적용학년 : 저 중 고

우리나라 전래놀이인 '여우야 여우야 뭐 하니?'를 연결하여 학생들이 여우와 토끼가 되어 즐기는 놀이입니다.

영역: 경쟁 - 경쟁의 기초 - 태그형 게임

놀 이 방 법

1) 술래(여우)를 정하고, 술래가 아닌 토끼들은 선밖에, 여우는 훌라후프 안에 위치합니다.
2) '여우야 여우야 뭐 하니' 노래를 부르며 여우 근처까지 조금씩 접근합니다.
3) 노래의 마지막에 여우가 '살았다'를 외치면 토끼는 처음 위치로 달려가며 토끼는 도망가는 여우를 잡으며, 잡힌 토끼는 술래(여우)가 됩니다.

TIP

모둠 및 학급 전체가 할 경우 각각 여우 술래의 수를 다르게 할 수도 있으며 도망갈 때 한 발 뛰기, 두 발 뛰기 등으로 바꿀 수 있습니다.

4-15 여우야 여우야 2

준비물 : 조끼

적용학년 : 저 중 고

술래 여우가 친구들인 토끼를 제한된 공간에서 팔을 최대한 뻗어가며 잡는 놀이입니다.

영역: 경쟁 - 경쟁의 기초 - 태그형 게임

놀이방법

1) 술래는 조끼를 입어 여우임을 표시한 후 맨 첫 번째 원에 있고, 나머지 토끼 학생들은 두 번째 원에 섭니다.
2) 토끼 학생들은 '여우야여우야' 노래를 부릅니다.
3) 여우가 '살았다'를 외치면 토끼들은 세 번째 원으로 도망칩니다.
4) 여우는 두 번째 원에서 손을 뻗어 세 번째 원에 있는 토끼들을 손을 뻗어 잡을 수 있으며 잡힌 토끼들 중에 여우 술래가 되어 놀이를 계속합니다.

운동장놀이

TIP

놀이를 하기 전 전래동요인 '여우야 여우야 뭐하니'를 미리 익혀 놀이에 모두가 재미있게 참여하도록 지도합니다.

4-16 런닝맨

준비물 : 훌라후프

적용학년 : 저 중 고

서로 달리고 피하며 등에 붙은 상대방의 이름표를 떼는 게임입니다.

영역: 경쟁 - 경쟁의 기초 - 태그형 게임

놀 이 방 법

1) 2팀으로 나누어 등에 이름표를 붙인 후 게임장 안에 들어갑니다.
2) 서로 달리고 피하며 상대방의 이름표를 뗍니다.
3) 이름표가 떼어지거나 경기장 밖으로 벗어나면 체력장으로 가서 훌라후프를 20회 돌립니다.
4) 정해진 시간 동안 이름표를 많이 뗀 모둠이 승리합니다.

TIP

모둠 게임이 아닌 개인전으로 변형하여 마지막 한 명이 살아남을 때까지 진행합니다.

4-17 폭탄 돌리기

준비물 : 공

적용학년 : 저 중 고

3개의 폭탄(공)을 피해 쫓고 쫓기는 게임입니다.

영역: 경쟁 - 경쟁의 기초 - 태그형 게임
경쟁 - 영역형 경쟁 - 럭비형

놀 이 방 법

1) 게임장에 술래 1명과 모든 친구들이 그 안에 섭니다.
2) 술래가 아닌 친구 중 3명에게 공을 줍니다.
3) 시작 신호와 함께 술래는 공을 가진 친구를 잡고, 공을 가진 친구는 잡힐 것 같으면 공을 다른 친구에게 전달합니다.
4) 공을 놓쳐 땅에 떨어트리거나 공을 든 상태에서 술래에게 잡히면 그 친구가 다음 술래가 됩니다.

TIP

럭비공 등과 같은 다양한 종류의 공으로 경기를 진행할 수 있습니다.

4-18 서바이벌 반달놀이

준비물 : 없음

적용학년 : 저 중 고

반원 경기장에서 술래가 라인을 밟으며 다른 친구들을 잡는 게임입니다.

영역: 경쟁 - 경쟁의 기초 - 태그형 게임
도전 - 속도 도전 - 달리기

놀이방법

1) 원을 그리고 원을 가로지르는 선을 하나 그린 후 술래를 한 명 뽑고 나머지 인원은 모두 원 안으로 들어갑니다.
2) 술래는 원 안에 들어갈 수는 없고 선을 밟고 다니며 친구들을 터치합니다.
3) 술래에게 터치 당하면 원 밖으로 나갑니다.
4) 술래가 모든 친구들을 잡으면 게임이 끝납니다.

TIP

- 원의 크기에 따라 술래를 2명으로 늘릴 수 있습니다.
- 원을 4등분 나누어 게임을 진행할 수도 있습니다.

4-19 하늘땅

준비물 : 없음

적용학년 : 저 중 고

수비 모둠을 피해 땅에서 하늘로 이동하는 게임입니다.

영역: 경쟁 - 경쟁의 기초 - 태그형 게임

놀이 방법

1) 두 모둠으로 나누어 공격과 수비를 정합니다.
2) 공격 모둠은 수비 모둠을 피해 하늘로 이동합니다.
3) 술래 모둠은 정해진 구역에서 공격 모둠 친구들을 터치해야 합니다.
4) 술래에게 잡히거나 사이드 라인을 벗어나면 아웃이 됩니다.
5) 가장 많은 사람이 하늘에 도착한 모둠이 승리합니다.

TIP

- 공격 모둠을 잡을 때, 손으로 잡아당기거나 발로 차서는 안 됩니다.
- 수비 구역의 수나 학생 수는 변형하여 게임을 진행할 수 있습니다.

4-20 태풍 술래잡기

준비물 : 조끼

적용학년 : 저 중 고

술래인 태풍이 친구들을 잡아 모든 친구들을 작은 태풍으로 만드는 게임입니다.

영역: 경쟁 - 경쟁의 기초 - 태그형 게임

놀 이 방 법

1) 술래는 조끼를 입어 태풍임을 표시합니다.
2) 태풍의 모습을 몸으로 표현하면서 정해진 구역 안에서 도망 다니는 친구들을 잡으러 다니며 잡힌 친구는 제자리에서 작은 태풍이 됩니다.
3) 작은 태풍에게 잡힌 친구들도 같은 역할이 되며 모든 학생들이 잡히면 술래를 다시 정해 놀이를 반복합니다.

TIP 작은 태풍은 발을 고정한 채 팔만 움직입니다

4-21 바둑판 놀이

준비물 : 라인기, 원마커, 라바콘　적용학년 : 저 중 고

정해진 선을 따라 이동하며, 가위 바위 보를 해서 상대편 지점에 먼저 도착하는 팀이 승리하는 게임입니다.

영역: 도전 - 속도 도전 - 장애물달리기

놀이방법

1) 운동장에 5*5 칸을 그립니다.
2) 양쪽에 6명씩 정해진 위치에 서 있는 상태에서 출발 신호에 맞춰 선을 따라 이동합니다.
3) 상대편과 만나면 가위 바위 보를 하고, 진 경우 최초 출발 지점으로 돌아가서 다시 출합니다. 이긴 친구는 앞으로 이동하여 상대편 구역으로 이동합니다.
4) 모든 팀원이 상대편 지점에 먼저 도착하는 팀이 승리하는 게임입니다.

TIP

- 상대편과 만났을 때 피하지 않고 반드시 가위 바위 보를 하도록 합니다.
- 운동장 크기와 인원에 따라 경기장을 변경할 수 있습니다.

4-22 협동 도형 놀이

준비물 : 없음

적용학년 : 저 중 고

상대편이 정한 동그라미, 네모, 세모 중 한 가지 도형을 5초 이내로 만들면 점수를 획득하는 게임입니다.

영역: 표현 - 움직임 표현 - 표현요소를 활용한 표현 활동

놀이방법

1) 학급을 2팀으로 나누어 손을 잡은 상태에서 원을 만듭니다.
2) 상대팀은 동그라미, 네모, 세모 중 한 가지 도형 외친 후 "5! 4! 3! 2! 1!" 카운트다운을 합니다.
3) 5초 이내에 도형을 만들면 1점을 획득하고, 10점을 빨리 획득한 팀이 승리하는 게임입니다.

TIP

3가지 도형 이외에 별 모양, 다이아몬드 모양 등 어려운 도형을 제시할 수 있으며 어려운 도형문제의 경우 시간을 더 제공할 수 있습니다.

4-23 철봉 가위바위보

준비물 : 없음

적용학년 : 저 중 고

철봉에 매달려서 발로 가위 바위 보를 하는 놀이입니다.

영역: 도전 - 동작 도전 - 철봉

놀이방법

1) 두 모둠으로 나누어서 각 모둠에 1명씩 철봉에 매달립니다.
2) '가위 바위 보'를 외치면 철봉 가위 바위 보를 하여 진 사람은 내려가고 이긴 사람은 계속 매달려서 다음 사람과 가위 바위 보를 합니다.
3) 가위 바위 보를 하는 도중 철봉에서 떨어지면 진 것으로 합니다.

TIP

- 가위 바위 보를 할 때 발로 상대방을 차지 않도록 간격을 충분히 넓힙니다.
- 가위 바위 보 모양을 학생들과 이야기하면서 다양하게 만들어서 게임을 하면 더욱 즐겁게 참여할 수 있습니다.

4-24 철봉 통닭

준비물 : 철봉

적용학년 : 저 중 고

통닭이 되어 오래 매달리는 놀이입니다.

영역: 도전 - 동작 도전 - 철봉

놀이방법

1) 모둠으로 나누어서 각 모둠에 1명씩 철봉에 매달립니다.
2) 통닭처럼 양손으로 철봉을 잡고 한 쪽 다리를 봉에 걸치고 대기합니다.
3) 매달려 있는 친구 옆에 선생님이나 친구가 보조를 해줍니다.
4) 정해진 시간 동안 떨어지지 않고 매달린 모둠이 점수를 얻습니다.

운동장놀이

TIP

- 매달려 있던 도중 떨어질 때에는 다리를 먼저 내리도록 합니다.
- 손에 땀이 차면 미끄러우므로 철봉을 잡기 전 땀을 닦아 내도록 합니다.

4-25 철봉 허수아비

준비물 : 철봉

적용학년 : 저 중 고

철봉에 매달렸다가 뛰어내려서 상대방을 터치하는 놀이입니다.

영역: 도전 - 동작 도전 - 철봉

놀 이 방 법

1) 첫 번째 친구가 '허'하면서 뛰어올라 철봉에 매달립니다.
2) 철봉에 매달려 흔들다가 착지선 밖으로 뛰어내리고, 한 발씩 움직이면서 '수','아','비'를 외칩니다.
3) 다른 친구들도 같은 방식으로 뛰어내립니다. 이때 손을 벌려 다른 친구를 방해할 수 있습니다.
4) 모든 친구들이 다 마치면 첫 번째 친구부터 3걸음 만에 철봉에 매달려 출발선으로 돌아옵니다. 이때 출발선이나 착지선을 밟거나, 다른 사람의 신체에 닿으면 아웃이 됩니다.

TIP

손에 땀이 차면 철봉을 놓칠 수 있기 때문에 철봉을 잡기 전 땀을 닦아 내도록 합니다.

4-26 교통신호 드리블

준비물 : 축구공, 라바콘

적용학년 : 저 중 고

교통신호 색(초록, 빨강, 노랑)에 따라 축구 드리블 연습을 하는 게임입니다.

영역: 경쟁 - 영역형 경쟁 - 축구형 게임

놀 이 방 법

1) 지그재그 드리블 할 수 있는 간격으로 라바콘을 놓습니다.
2) 시작 신호와 함께 선생님은 초록(지그재그 전진 드리블), 노랑(양발 사이로 공 왔다 갔다 이동하기) 중 한 가지 색을 제시합니다.
3) 선생님은 중간중간에 빨강(정지)을 제시합니다.
4) 색깔에 맞는 동작으로 라바콘을 돌아오면 다음 친구가 출발합니다.

TIP

축구형 게임 이외에 농구형 게임, 하키형 게임 등에도 적용할 수 있습니다.

4-27 방 바꿔 드리블

준비물 : 훌라후프, 축구공

적용학년 : 저 중 고

사각형 형태의 꼭짓점 공간에 훌라후프로 방을 만들고, 술래가 신호를 보내면 드리블로 다른 방으로 이동하는 게임입니다.

영역: 경쟁 - 영역형 경쟁 - 축구형 게임

놀 이 방 법

1) 술래는 가운데에 서고 나머지 친구들은 각 방에 위치합니다.
2) 술래가 “방 바꿔”라고 외치면 드리블을 하여 다른 방으로 이동합니다. 이때 술래도 빈 방으로 이동합니다.
3) 다른 방으로 이동하지 못한 사람이 다음 술래가 됩니다.

TIP

- 드리블을 할 때에 손을 절대 사용하지 않습니다.
- 방에 도착하여 공이 밖으로 나가지 않도록 키핑동작의 중요성을 안내합니다.

4-28 한 몸 드리블

준비물 : 축구공, 원마커

적용학년 : 저 중 고

5명이 한 모둠이 되어, 드리블 연습과 공간이동 연습을 하는 게임입니다.

영역: 경쟁 - 영역형 경쟁 - 축구형 게임

놀 이 방 법

1) 축구 경기장에 원마커로 지뢰구간을 표시 합니다.
2) 5명이 한 팀이 되고 정사각형을 만들고, 1명은 정사각형 중앙에 공을 갖고 지뢰구간을 피해 드리블을 합니다.
3) 중앙선에서 드리블로 출발하여 한쪽 골대를 이동할 때 정사각형의 형태가 흐트러지지 않도록 함께 이동합니다.
4) 골대까지 이동이 끝난 팀은 정사각형 가운데 드리블을 하는 친구를 바꾸어 다시 중앙선으로 돌아갑니다.

TIP

- 2팀이 대결을 할 경우 충돌하지 않도록 드리블을 하는 방향(골대)을 다르게 합니다.
- 지뢰구간에 닿은 경우, 출발점에서 다시 시작합니다.

4-29 손족구

준비물 : 족구공(또는 소프트 발리볼), 간이네트

적용학년 : 저 중 고

초등학교 수준에 맞게 손과 발을 모두 사용할 수 있는 변형 족구 게임입니다.

영역: 도전 - 네트형 경쟁 - 족구형 게임

놀 이 방 법

1) 두 팀으로 나누어 자기 구역에 섭니다.
2) 발 또는 손으로 서브를 넣습니다. 수비는 원바운드 후에 리시브를 합니다.
3) 수비는 4회까지 패스가 가능합니다.
4) 마지막에 상대팀으로 공을 보낼 때는 발만을 이용합니다.
5) 넘어온 공을 못 받거나 넘기지 못하면 상대방이 점수를 얻습니다.
6) 10점을 먼저 획득하면 승리합니다.

TIP

네트는 허들, 높이뛰기대, 대형 라바콘에 줄을 연결하여 사용할 수 있습니다.

4-30 세레모니 페널티킥

준비물 : 축구공, 6개 세레모니 가 표시된 스케치북

적용학년 : 저 중 고

페널티킥으로 골인했을 경우 해당 세레모니를 하는 표현활동과 결합된 축구 슛팅 게임입니다.

영역: 경쟁 - 영역형 경쟁 - 축구형 게임

놀이방법

1) 축구골대를 6개 구역(왼쪽상단, 왼쪽하단, 중앙상단, 중앙하단, 오른쪽 상단, 오른쪽 하단)으로 나누고, 페널티킥으로 각 구역에 골인 되었을 경우 실시할 세레모니를 각 팀에서 정합니다.
2) 페널티킥을 성공했을 경우 정해진 세레모니를 실시합니다.
3) 상대팀은 세레모니를 정확히 실시한 경우 2점, 세레모니 표현이 부족한 경우 1점을 줍니다.
4) 모둠원들이 모두 페널티킥을 실시 후 점수를 합쳐 높은 점수의 팀이 승리합니다.

TIP

- 실제 축구 선수처럼 자신감 있는 세레모니를 할 수 있도록 분위기를 조성합니다.
- 세레모니 수행 여부는 상대팀에서 판정하되, 공정한 판정을 할 수 있도록 합니다.

4-31 구역 축구

준비물 : 축구공, 라인기

적용학년 : 저 중 고

정해진 구역에서 공격과 수비역할을 하는 변형 축구형 게임입니다.

영역: 경쟁 - 영역형 경쟁 - 축구형 게임

놀 이 방 법

1) 두 팀으로 나누어 4개의 구역에 양 팀의 같은 인원이 들어갑니다.
2) 정해진 구역에서 공격과 수비 역할로 나누어 축구형 게임을 합니다.
3) 구역을 넘어가거나 선을 밟으면 공격권이 상대팀으로 넘어갑니다.
4) 시간을 정하여 전-후반전 게임을 합니다.

TIP

구역의 개수를 늘리거나 줄일 수 있으며, 작은 축구 골대가 없으면 콘으로 골대를 만들 수 있습니다.

4-32 튀기고 부르기

준비물 : 농구공 또는 잘 튀기는 공 적용학년 : 저 중 고

제자리에서 정면을 보면서 드리블 연습을 하는 놀이입니다.

영역: 경쟁 - 영역형 경쟁 - 농구형 게임

놀이 방법

1) 한 친구는 공 튀기는 역할을 하고 다른 한 친구는 숫자를 제시하는 역할을 합니다.
2) 친구가 손가락으로 제시하는 숫자를 외치며 실수하지 않고 계속 공을 튀깁니다.
3) 5번 연속 성공을 하면 친구와 임무를 교대하여 놀이를 계속합니다.

운동장놀이

TIP

- 드리블 연습을 할 때 공을 보지 않고 앞을 보고 하도록 숫자 또는 문제를 제시합니다.
- 숫자를 부르는 것이 익숙해지면 구구단 문제, 곱셈 문제 등 다양한 질문을 수행하면서 공 튀기기를 할 수도 있습니다.

4-33 튀기고 빼앗기

준비물 : 농구공 또는 잘 튀기는 공 적용학년 : 저 중 고

원안에서 한 명은 공을 튀기고, 한 명은 공을 빼앗으려는 놀이입니다.

영역: 경쟁 - 영역형 경쟁 - 농구형 게임

놀 이 방 법

1) 한 친구는 원 안에서 공을 튀기는 역할을 하고 한 친구는 원 밖에 공을 빼앗는 역할을 준비합니다.
2) 시작신호와 함께 공 튀기기와 공 빼앗기를 하는데, 공 튀기기는 정해진 원 안에서만 이루어져야 합니다.
3) 공을 빼앗기거나 원 밖으로 나가게 되면 역할을 바꿉니다.
4) 같은 방법으로 놀이를 계속 이어하면서 농구의 드리블과 수비를 익힙니다.

운동장놀이

TIP

원 이외에 사각형, 마름모, 삼각형 등의 다양한 모양의 놀이장을 만들 수도 있습니다.

4-34

술래 농구

준비물 : 농구공 또는 잘 튀기는 공, 조끼

적용학년 : 저 중 고

공을 튀기면서 술래를 피해 드리블하는 게임입니다.

영역: 경쟁 - 영역형 경쟁 - 농구형 게임

놀 이 방 법

1) 모든 친구가 공을 들고 경기장 안에 들어간 후 3명의 술래를 정하고 술래는 조끼를 입습니다.
2) 시작 신호와 함께 공을 튀기면서 술래를 피해 다닙니다.
3) 술래도 공을 튀기면서 친구들을 잡습니다.
4) 술래에게 잡히거나 드리블을 하던 공이 경기장 밖으로 나간 친구는 술래로부터 조끼를 받아서 입고 다음 술래가 됩니다.

운동장놀이

TIP

술래가 한 명만 되는 것이 아니라 여러 명이 되어 정해진 시간 안에 많은 친구들을 잡는 게임으로 할 수 있습니다.

4-35 구역 농구

준비물 : 농구공, 의자, 라인기　　적용학년 : 저 중 고

각자 6개의 구역에 위치하여 공을 패스하여 슛을 넣는 게임입니다.

영역: 경쟁 - 영역형 경쟁 - 농구형 게임

놀 이 방 법

1) 각 구역에 한 명씩 모둠이 번갈아가며 위치하고, 양쪽 끝에 의자를 놓고 모둠원 한 명이 골대 역할을 합니다.
2) 시작 신호와 함께 수비에게 공을 빼앗기지 않고 골대 역할을 하는 친구 가까이 패스하고, 패스를 받은 친구는 슛을 합니다.
3) 슛이 성공하면 1점을 얻고, 공격과 수비의 역할을 교대합니다.
4) 공격자가 선을 밟거나 공이 사이드 라인을 벗어나면 공격권이 그 지점에서 바뀝니다.
5) 같은 방법으로 경기를 진행하고 정해진 시간 동안 더 많은 점수를 얻은 팀이 승리합니다.

TIP

공을 한 사람이 5초 이상 갖고 있으면 파울이므로 모둠원의 위치를 미리 파악하고 패스를 정확하게 합니다.

4-36 주고 받고 릴레이

준비물 : 농구공 또는 잘 튀기는 공 적용학년 : 저 중 고

릴레이 형태로 공을 정확하게 던지고 받는 변형 농구 놀이입니다.

영역: 경쟁 - 영역형 경쟁 - 농구형 게임
도전 - 거리도전 - 던지기

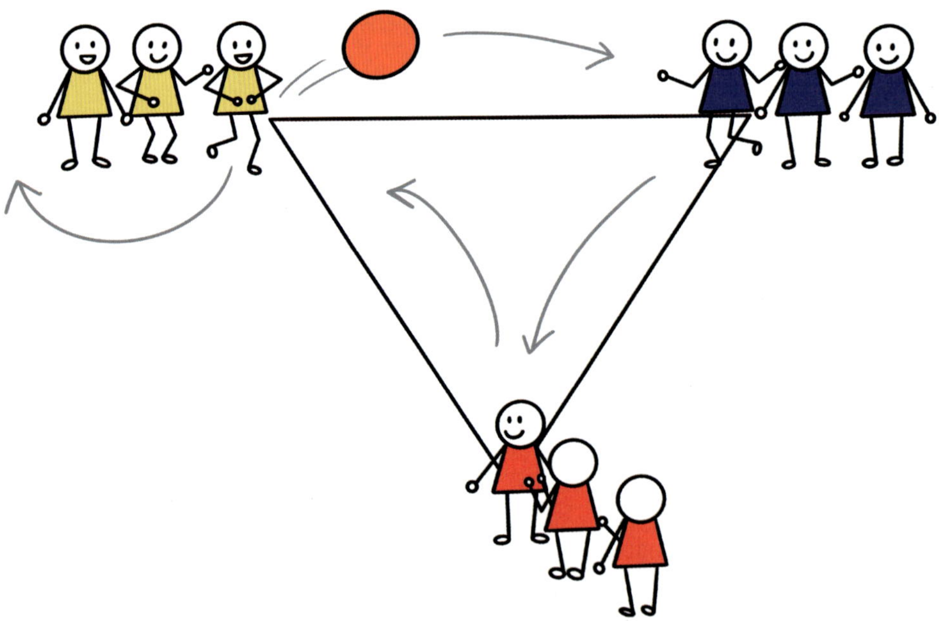

놀이방법

1) 3개의 팀으로 나누어 큰 삼각형의 꼭짓점에 각각 위치합니다.
2) 삼각형의 꼭짓점에 있는 각 팀 친구들과 공을 주고받으며 성공 시 1점을 획득하고 실패 시 1점이 감점됩니다.
3) 다른 팀으로부터 공을 받은 후 다른 팀에게 공을 던진 학생은 팀의 맨 뒤로 이동합니다.
4) 공을 던진 친구는 팀의 맨 뒤로 가며 놀이를 합니다.

운동장놀이

TIP

- 다양한 모양의 다각형을 만들어 놀이를 할 수 있습니다. (예, 사각형, 오각형, 육각형 등)
- 공을 주고 받을 때 직접 또는 원바운드 패스할 수 있습니다.

4-37 3인 주먹야구

준비물 : 티볼공, 라바콘

적용학년 : 저 중 고

타자가 공을 주먹으로 쳐서 수비수를 피해 라바콘을 통과시키는 게임입니다.

영역: 경쟁 - 필드형 경쟁 - 주먹야구형 게임

놀이방법

1) 삼각형 모양의 경기장 위에 타석과 2개의 골대를 만듭니다.
2) 타자는 라바콘 사이로 공을 쳐서 넣습니다. 나머지 친구들은 수비를 합니다.
3) 공을 넣으면 1점을 얻습니다.
4) 공을 넣지 못하면 1루를 찍고 다시 홈으로 돌아오면 1점을 얻을 수 있습니다. 이때 수비는 공을 가지고 홈으로 가져옵니다.
5) 수비가 먼저 들어오면 타자는 아웃이 됩니다.
6) 번갈아가며 타자의 역할을 연습합니다.

TIP

학생들의 수준에 따라 경기장의 거리를 조절할 수 있습니다.

4-38 미니 발야구

준비물 : 라바콘, 배구공

적용학년 : 저 중 고

발로 공을 찬 후 정해진 목표물을 돌아오는 게임입니다.

영역: 경쟁 - 필드형 경쟁 - 발야구형 게임

놀 이 방 법

1) 두 팀으로 나누어 공격과 수비 준비를 합니다.
2) 홈에서 공을 놓고 힘껏 공을 찬 후 목표물(라바콘)을 돌아 홈에 돌아오면 1점입니다.
3) 찬 공을 수비수가 공중에서 잡거나 공격수가 홈에 들어오기 전에 공을 홈으로 던지면 아웃이 됩니다.
4) 모둠원의 모든 친구가 한 번씩 공을 차면 공수를 교대하여 게임을 계속 합니다.

TIP
돌아오는 목표물의 거리를 멀게 하거나 가깝게 할 수 있습니다.

4-39 얼음 발야구

준비물 : 루베이스(접시콘), 배구공 적용학년 : 저 중 고

공을 찬 후에 수비수가 잡아 투수에게 연결하기 전에 홈까지 들어오는 게임입니다.

영역: 경쟁 - 필드형 경쟁 - 발야구형 게임

놀 이 방 법

1) 2팀으로 나누어 공격과 수비를 정합니다.
2) 야구 경기장 안에서 공격수는 투수가 굴린 공을 발로 찬 후 1루로 달려갑니다.
3) 수비는 공을 잡아 투수에게 보내고 투수가 공을 잡으면 '얼음'을 외치고, 공격은 마지막으로 밟았던 루로 돌아갑니다.
4) 헛차거나 파울을 세 번 하면 아웃이 됩니다.
5) 공격수가 홈에 도착하면 1점을 얻고 4명의 공격이 끝나면 수비와 교대합니다.

TIP

학생들의 수준을 고려하여 수비수의 숫자를 조절할 수 있습니다.

4-40 카드 발야구

준비물 : 루베이스(접시콘), 공, 단서 카드

적용학년 : 저 중 고

타자는 단서카드에 나온 숫자만큼 루를 진출하는 발야구 게임입니다.

영역: 경쟁 - 필드형 경쟁 - 발야구형 게임

놀이방법

1) 홈런, 1루타, 2루타, 3루타 카드를 1장씩 준비합니다.
2) 타자는 카드를 뽑은 후 공격과 수비 친구들 모두에게 알려줍니다.
3) 타자가 공을 차고 정해진 루까지만 가면 1점을 얻고, 수비가 먼저 정해진 루로 공을 보내면 아웃이 됩니다. 또한 뜬 공을 바로 잡아도 아웃이 됩니다.
4) 3명이 아웃이 되면 공격과 수비를 교대합니다.

TIP

- 학생들의 수준에 따라 5명이 아웃이 되면 공격과 수비를 교대할 수 있습니다.
- 학생들 스스로 자신의 실력에 맞게 카드를 선택하게 한 후 경기를 진행할 수 있습니다.

운동장놀이

4-41 올패스 발야구

준비물 : 루베이스(접시콘), 공

적용학년 : 저 중 고

모든 친구들이 참여하는 변형 발야구 게임입니다.

영역: 경쟁 - 필드형 경쟁 - 발야구형 게임

놀이방법

1) 2팀으로 나누어 공격과 수비를 정합니다.
2) 타자는 공을 찬 후, 한 줄로 서 있는 자기팀을 3바퀴 돌아서 홈베이스를 밟으면 1점을 얻습니다.
3) 수비팀은 공을 잡은 친구 앞으로 한 줄로 서서 공을 전달하여 마지막에 받은 친구가 공을 들고 홈베이스로 달려옵니다.
4) 타자가 3바퀴 돌기 전에 수비팀이 공을 베이스를 찍으면 타자는 아웃입니다.
5) 공중에 뜬 공을 한 번에 잡아도 아웃이 됩니다.
6) 3명의 타자가 아웃이 되면 공격과 수비를 교대합니다.

TIP

학생들의 수준을 고려하여 도는 바퀴 수를 조절할 수 있습니다.

4-42 운동장 5선 컬링

준비물 : 공, 라인기

적용학년 : 저 중 고

운동장에 5줄 선을 그려놓고, 컬링처럼 공을 굴리거나 쳐내서 점수를 획득하는 게임입니다.

영역: 도전 - 표적/투기 도전 - 컬링

놀이방법

1) 운동장에 50cm 간격으로 5줄(1m 길이)을 그립니다.
2) 팀별로 1명 당 1번씩 공을 굴릴 수 있으며, 팀별로 5명씩 공을 던진 후 공을 다시 가져와서 점수를 계산한 후 다시 게임을 시작합니다.
3) 선에 공이 걸치면 3점, 선과 선 사이에 공이 들어가면 1점을 획득합니다.
4) 모든 팀원들이 공을 굴린 후 점수를 합하여, 높은 점수를 획득한 팀이 승리하는 게임입니다.

TIP

애매한 곳에 공이 위치한 경우 가위 바위 보를 통해 상황을 정리할 수 있도록 안내합니다.

4-43 가위바위보 줄넘기

준비물 : 단체줄넘기

적용학년 : 저 중 고

학급 전체가 두 팀으로 나누어 가위 바위 보를 하며 재미있게 하는 단체 줄넘기 게임입니다.

영역: 건강 - 건강 체력

놀이 방법

1) 두 팀으로 나누어 긴 줄을 바라보고 한 줄로 섭니다.
2) 줄이 돌아가면 두 팀의 첫 번째 친구들이 줄에 들어가서 줄을 넘으며 가위 바위 보를 합니다.
3) 가위 바위 보를 이긴 친구는 계속 줄넘기를 하고, 진 사람은 줄넘기 밖으로 나갑니다.
4) 가위 바위 보를 하기 전에 먼저 줄에 걸린 사람은 자동으로 나갑니다.
5) 진 팀에서 다음 순서 학생이 줄넘기 안으로 들어가 되풀이하며 마지막까지 살아남은 학생이 있는 팀이 승리하는 놀이입니다.

운동장놀이

TIP

줄넘기 중간에 걸리면 자동으로 나가서 아웃되는 규칙 이외에 줄 돌리는 역할을 교대하는 것으로 하면 계속적인 놀이에 참여할 수 있습니다.

Part 5

뉴스포츠놀이

5-1 플라잉디스크 준비운동

준비물 : 플라잉디스크(거츠원반) 적용학년 : 저 중 고

플라잉디스크를 이용한 다양한 준비운동 놀이입니다.

놀이방법

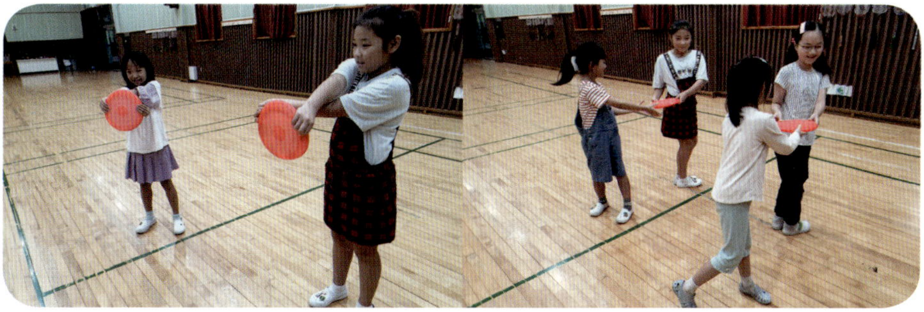

1) 손목운동 : 팔은 곧게 핀 상태에서 플라잉디스크를 잡고 좌우로 비틀어 주며 손목을 스트레칭 합니다.
2) 허리운동 : 두 명 씩 짝을 지어 등을 맞댄 상태에서 플라이디스크를 두 손으로 들고 허리를 돌려 짝에게 전달합니다. 반대 방향으로 반복합니다.
3) 다리운동 : 한 손바닥으로 플라잉디스크를 다른 한 손은 위로 들면서 앉았다가 제자리 뛰기를 가볍게 합니다.

뉴스포츠놀이

TIP

학생들 스스로 플라잉디스크를 활용한 준비운동을 만들고 발표하는 표현활동 영역 수업으로 운영할 수 있습니다.

5-2 플라잉디스크 떡배달놀이

준비물 : 플라잉디스크(거츠원반)　적용학년 : 저 중 고

모둠원들이 제자리 뛰기를 이어서 실시한 후 거리를 측정하는 게임입니다.

놀이방법

1) 모둠별로 출발선에 한 줄로 섭니다.
2) 첫 번째 친구는 플라잉디스크를 머리에 올려놓고 반환점을 돌아옵니다.
3) 출발선에 도착하면 "안녕하세요! 떡사세요!"를 외치며 인사하는 동작으로 플라잉디스크를 바닥에 떨어뜨립니다.
4) 두 번째 친구는 플라잉디스크를 주워서 자기 머리 위에 올려놓고 같은 방법으로 반환점을 돌아옵니다.
5) 이동하는 중간에 플라잉디스크를 떨어뜨린 경우 출발선으로 돌아가 다시 출발합니다.
6) 마지막 주자가 먼저 도착한 모둠이 승리합니다.

TIP

- 플라잉디스크를 처음 접하는 학생들에게 놀이활동을 통해 플라잉디스크의 모양, 재질, 무게감 등을 느낄 수 있게 합니다.
- 옆으로 이동, 지그재그 이동 등 이동하는 방법을 변형할 수 있습니다.

5-3 플라잉디스크 패스릴레이

준비물 : 플라잉디스크(거츠원반) 적용학년 : 저 중 고

플라잉디스크를 던지고 받는 활동을 하면서 정확한 패스와 안정적으로 잡는 능력을 향상시키는 게임입니다.

놀이방법

1) 한 모둠을 5~7명으로 구성하고, 각 모둠원 사이의 거리를 3m 정도 떨어져서 한 줄로 섭니다.
2) 양 끝에 있는 친구들은 플라잉디스크를 바로 옆에 있는 친구에게 던집니다.
3) 플라잉디스크를 잡지 못하고 바닥에 떨어진 경우 플라잉디스크를 던진 친구가 플라잉디스크를 다시 주워 자신의 위치에서 다시 플라잉디스크를 던집니다.
4) 양쪽 끝에서 출발한 플라잉디스크는 중간 지점에 동시에 도착할 수 있는데 이때에는 한 개씩 던지고 받아도 되고, 동시에 주고받아도 됩니다.
5) 양쪽 끝에서 출발한 플라잉디스크가 2개 모두 반대쪽 친구에게 먼저 도착하는 팀이 승리합니다.

TIP

플라잉디스크를 빨리 전달하는 것이 아니라 정확하고 안전하게 던지고 받는 것이 중요한 것을 안내합니다.

5-4 플라잉디스크 피구

준비물 : 플라잉디스크(돗지비(dodgebee) 원반)

적용학년 : 저 중 고

천으로 만든 돗지비 플라잉디스크로 상대방을 맞추는 변형 피구 게임입니다.

놀 이 방 법

1) 피구 경기장에 팀 별로 공격모둠과 수비모둠을 나누어 위치합니다.
2) 일반 피구와 달리 아웃된 친구는 수비구역으로 이동하지 않고 계속 공격구역에서 경기를 진행합니다.
3) 가위바위보를 통해 공격 시작 모둠을 결정하고 플라잉디스크 피구를 시작합니다.
4) 상대방을 맞추면 1점, 상대방의 원반을 잡으면 2점을 획득할 수 있습니다.
5) 15점을 먼저 획득한 팀이 한 세트 경기를 승리하며, 한 세트가 끝나면 공격모둠과 수비모둠의 위치를 바꾸어 다음 세트를 진행합니다.

TIP

플라잉디스크에 대한 두려움을 없애고, 플라잉디스크를 던지는 기술 중 수평을 맞춰 던지는 것의 중요성을 안내합니다.

5-5 플라잉디스크 사거리

준비물 : 폼디스크

적용학년 : 저 중 고

전통놀이 중 하나인 사거리(두부놀이)를 플라잉디스크로 하면서 플라잉디스크의 기본기능을 익힐 수 있는 게임입니다.

놀 이 방 법

1) 공격모둠과 수비모둠으로 나눠서 공격 모둠은 1번 방에 위치하고 수비 모둠은 사거리 안에 위치합니다.
2) 공격모둠은 방 안에서는 두 발, 방 밖에서는 한 발(깽깽이)로 이동합니다.
3) 수비수가 공격수를 터치하면, 공격수는 경기장 밖에서 벌칙(팔벌려높이 뛰기 또는 1분 휴식) 후 1번 방에서부터 다시 공격을 시작합니다.
4) 플라잉디스크가 1번 방에서부터 반 시계 방향으로 1->2->3->4번 방을 통과 후 다시 1번 방으로 도착하면 1점을 얻습니다.
5) 공격과 수비는 5분 간격으로 교체하면서 3세트 실시 후 득점을 많이 한 팀이 승리합니다.

TIP

- 한 팀의 인원수는 4~6명이 적당하며, 경기장의 크기는 학생들의 신체 발달에 따라 조절할 수 있습니다.
- 원반을 던질 때 속임 동작을 이용할 수 있도록 안내합니다.

5-6 플라잉디스크 얼티미트[1)]

준비물 : 플라잉디스크(거츠원반)　적용학년 : 저 중 고

플라잉디스크를 바닥에 떨어뜨리지 않고 득점 구역(엔드존)까지 도착하여 플라잉디스크를 잡으면 득점에 성공하는 게임입니다.

1) 학교스포츠클럽 얼티미트경기장규격 (75X37) / 브릭마크는 엔드존 앞에서 12.5미터에 표기(엔드존 길이 만큼 적용) 경기장 사정에 따라 가로x세로 80% 이내 범위에서 조정하여 재배치 가능 엔드존 역시 비율에 맞게 재배치

놀 이 방 법

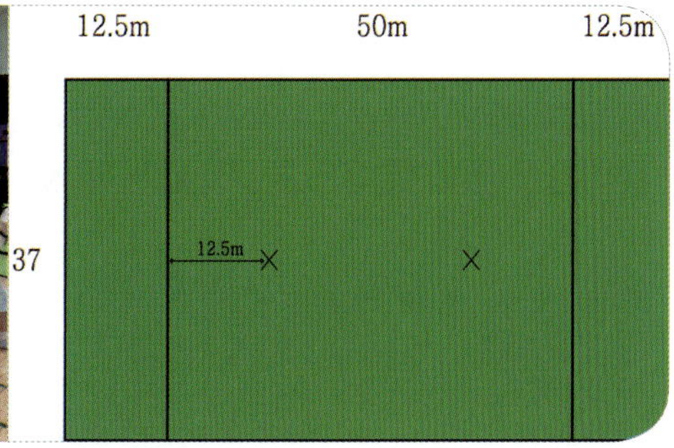

1) 엔드존(득점 구역) 앞에 각 팀별로 옆으로 서고, 수비팀이 공격 팀 코트로 플라잉디스크를 던져주는 것으로 경기를 시작합니다.
2) 공격팀은 엔드존까지 플라잉디스크를 패스합니다. 만약 패스 중에 플라잉디스크를 잡는데 실패하면 그 위치에서 상대팀으로 공격권이 넘어갑니다. 공격과정에서 플라잉디스크를 잡은 선수는 한 발을 땅에 고정시켜야 하며 10초 안에 같은 팀에게 패스를 해야 합니다.
3) 수비를 할 때에는 신체 접촉을 할 수 없으며 상대 공격수와는 30cm 정도 거리를 두고 1:1(맨투맨) 수비를 원칙으로 합니다.
4) 공격 팀이 플라잉디스크를 패스하여 엔드존 안에서 터치다운을 성공하면 득점이 됩니다.
5) 득점 후 각 팀의 진영이 바뀌어 공격 방향도 바뀌게 됩니다.
6) 득점에 성공한 팀은 플라잉디스크를 수비했던 팀에게 던져줌으로써 자연스럽게 공수교대가 되어 바로 시작합니다.

TIP

- 7대7 경기가 원칙이나, 4대4 또는 5대5 경기운영이 원활합니다.
- 공중에 떠 있는 플라잉디스크를 잡을 때 약간의 신체접촉은 허용되지만, 팔꿈치로 가격 또는 어깨를 잡는 행동 등의 경우 반칙이 선언됩니다.

5-7 성 무너뜨리기

준비물 : 플라잉디스크, 점보스택스 적용학년 : 저 중 고

플라잉디스크 얼티미트 규칙을 바탕으로 상대팀 점보스택스 성을 무너뜨리는 게임입니다.

놀 이 방 법

1) 얼티미트 경기장 엔드존 구역 가운데에 점보스택스를 성처럼 쌓아 놓습니다.
2) 얼티미트 규칙처럼 팀원들과 플라잉디스크를 주고받으면서 상대팀 엔드존에 가깝게 이동합니다.
3) 상대팀 엔드존에 가깝게 이동 후 성(점보스택스)을 무너뜨릴 수 있는 위치에 있는 친구에게 패스 후, 상대팀 성을 무너뜨리면 1점을 획득합니다.
4) 상대팀 성을 무너뜨린 후 공격과 수비를 교대합니다.

TIP

- 엔드존의 모양을 직사각형이 아닌 원형으로 만들면 여러 방향에서 성을 공격할 수 있습니다.
- 엔드존 안의 성의 개수를 늘려서 게임을 진행할 수 있습니다.

5-8 플라잉디스크 윷놀이

준비물 : 윷놀이 과녁, 윷놀이 판, 플라잉디스크(미더원반)

적용학년 : 저 중 고

윷놀이 과녁과 플라잉디스크를 이용하는 변형 윷놀이 게임입니다.

놀 이 방 법

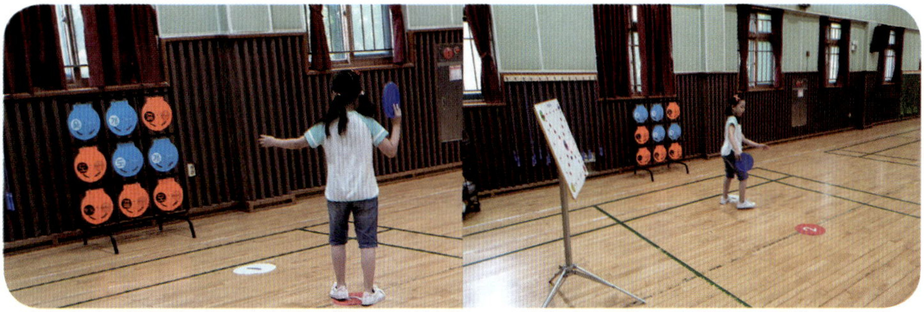

1) 플라잉디스크 윷놀이 과녁을 기준으로 2m 떨어진 위치에 던지는 곳을 표시합니다.
2) 두 팀으로 나눈 상태에서 번갈아 던지는 것을 원칙으로 합니다.
3) 보너스 투구(상대의 말을 잡거나 윷이나 모를 통과시켰을 경우)는 방금 던진 자리보다 1m 뒤에서 던집니다.
4) 보너스 투구는 총 3번까지만 던질 수 있습니다. 3번째 보너스 투구를 던졌을 경우 상대의 말을 잡을 수는 있으나 더 이상 보너스 투구를 할 수 없습니다.
5) 뒷도(빽도)의 경우 윷놀이 경기와 같이 진행합니다.

TIP

- 자신이 던진 플라잉디스크는 자신이 다시 가져와야 하며, 친구가 플라잉 디스크를 가져올 때 플라잉디스크를 투구하지 않도록 안전교육을 실시합니다.
- 플라잉디스크를 던지는 방법은 자유롭게 할 수 있습니다.
- 플라잉디스크가 과녁을 완전히 통과해야 인정됩니다.

5-9 플라잉디스크 골프

준비물 : 캐쳐, 플라잉디스크(미더 원반)

적용학년 : 저 중 고

캐쳐에 플라잉디스크를 정확하게 넣는 퍼팅 게임과 실제 골프 규칙을 적용한 변형 골프 게임 입니다.

놀이 방법

1) 3단계 퍼팅 게임은 플라잉디스크를 캐쳐에 정확하게 넣는 게임입니다.
2) 플라잉디스크 골프 게임은 6개의 홀(6개 캐처)을 준비하여 실제 골프 경기의 규칙을 적용한 게임입니다.
3) 각 홀마다 일정한 거리(1단계 2m, 2단계 3m, 3단계 4m)에서 플라잉디스크를 던져서 넣습니다. 이때 모든 홀마다 던지는 횟수(타수)를 합산합니다.
4) 모든 홀을 돌고, 가장 적은 타수로 경기를 끝낸 팀 또는 개인이 승리합니다.

TIP

- 두 팀으로 나누어 게임을 진행하거나 개인전으로 운영할 수도 있습니다.
- 경기를 진행할 때 주변에 위험 요소가 있는지 확인 후 진행합니다.
- 멀리 던지는 방법, 정확하게 던지는 방법의 차이점을 학생들 스스로 찾을 수 있도록 안내합니다.

5-10 플로어볼 보물 지키기

준비물 : 플로어볼 라켓, 플로어볼 공　적용학년 : 저 중 고

플로어볼 공을 라켓으로 지키면서(키핑) 상대방의 공을 빼앗는 놀이입니다.

놀이 방법

1) 각자 바닥에 플로어볼 공을 1개씩 가지고 원 대형으로 섭니다.
2) 시작 신호와 함께 자신의 공을 지키며 다른 친구의 공을 쳐서 원 밖으로 보냅니다.
3) 공이 원 밖으로 나간 친구는 아웃이 되고, 마지막까지 자기 공을 지킨 친구가 승리합니다.

TIP

- 상대방의 공을 빼앗는 과정에서 라켓을 바닥에 내려 치거나, 휘두르지 않도록 안전교육을 실시합니다.
- 상대방의 공을 빼앗는 것과 동시에 자신의 공을 잘 지키는 방법을 학생들 스스로 찾을 수 있도록 안내합니다.

5-11 플로어볼 그림자 드리블

준비물 : 플로어볼 라켓, 플로어볼 공 적용학년 : 저 중 고

2인 1조로 친구의 드리블 동작을 플로어볼 공 없이 따라하며 플로어볼 수비 방법을 연습하는 놀이입니다.

놀이방법

1) 2인 1조로 짝을 만들고, 한 명은 플로어볼 라켓과 공을 준비하고, 다른 한 명은 플로어볼 라켓만 준비합니다.
2) 라켓과 공을 들고 있는 친구가 제자리 드리블 또는 이동 드리블을 할 때 짝을 이룬 친구는 1m 떨어져 친구의 동작을 따라합니다.
3) 1분 동안 친구의 동작을 따라하고, 이동경로를 함께 이동하면서 플로어볼 수비 방법을 연습하는 놀이입니다.

TIP

공이 없는 상태에서 충분히 연습이 된 경우, 2명 모두 공을 갖고 있는 상태에서 그림자 드리블 놀이를 할 수도 있습니다.

5-12 플로어볼 슛팅 릴레이

준비물 : 플로어볼 라켓, 플로어볼 공
플로어볼 골대, 라바콘

적용학년 : 저 중 고

플로어볼로 지그재그 드리블 후 슛팅 하는 릴레이 게임입니다.

놀이방법

1) 모둠별로 출발선에 플로어 라켓을 들고 섭니다.
2) 선생님의 신호에 맞춰 '직선드리블->지그재그드리블->슛팅->공 가지고 되돌아오기' 과정을 통해 다시 출발선으로 돌아옵니다.
3) 슛팅한 공이 골인되지 않았을 경우, 다시 슛팅 지점에서 재도전 합니다.
4) 마지막 주자까지 슛팅을 성공 후 출발선에 먼저 도착한 팀이 승리합니다.

뉴스포츠놀이

TIP

슛팅 후 돌아올 때 손으로 공을 들고 오지 않고, 다음 주자에게 패스하는 방법으로 진행할 수 있습니다.

5-13 짐볼 술래잡기

준비물 : 짐볼

적용학년 : 저 중 고

술래잡기의 술래 역할을 짐볼과 사람이 동시에 하는 놀이입니다.

놀이방법

1) 경기장 안에 모두 들어간 상태에서 술래는 짐볼을 가지고 섭니다.
2) 시작 신호와 함께 짐볼을 굴려서 다른 친구를 맞춥니다.
3) 짐볼에 맞거나 술래에게 터치된 친구가 다음 술래가 됩니다.
4) 만약, 짐볼에 맞은 친구와 터치당한 친구가 동시에 나올 경우 짐볼에 맞은 친구가 술래가 됩니다.

TIP

- 술래가 아닌 친구들은 짐볼을 피하기 위해 짐볼 위로 점프하는 행동을 하지 않도록 안전교육을 실시합니다.
- 술래는 짐볼을 던지는 것이 아니라, 바닥에 굴려야 하며 던져서 다른 친구가 맞은 경우 무효가 됩니다.

5-14 짐볼 협동피구

준비물 : 짐볼

적용학년 : 저 중 고

킨볼의 공격 방법을 이용하는 짐볼 피구 게임입니다.

놀이방법

1) 피구 경기장에 두 팀으로 나눠 섭니다.
2) 수비구역에서는 일반 피구경기처럼 짐볼을 던져 상대방을 맞춰 아웃시킬 수 있습니다.
3) 경기장 안에서는 2명이 고개를 숙인 상태에서 무릎을 꿇고 짐볼을 들고 있으면, 1명이 짐볼을 두 손으로 올려쳐 공격을 합니다.
4) 패스는 1인이 할 수 있지만 공격은 반드시 3인 1조로 진행해야 합니다. 2명 이하일 경우에는 1인 공격도 가능합니다.
5) 상대팀 공격구역에 2명(공격을 할 수 없는 인원수)을 먼저 남게 만드는 팀이 승리합니다.

TIP

- 짐볼을 들고 있는 친구들은 반드시 고개를 숙여야 하며, 공을 손으로 쳐서 공격을 하는 경우 바닥이 아닌 정면 또는 위로 공격을 해야 합니다.
- 공격구역에서 공격을 할 경우 중앙선 바로 앞에서 공격을 진행할 수 있도록 안내합니다.

5-15 프리맨 짐볼

준비물 : 짐볼, 원마커

적용학년 : 저 중 고

짐볼과 원마커를 이용하여 빠르게 팀원들끼리 짐볼을 주고받는 게임입니다.

놀이방법

1) 4명은 정사각형 꼭짓점에 서고, 1명의 프리맨은 사각형 안에 짐볼을 들고 섭니다.
2) 프리맨을 제외한 다른 친구들은 이동할 수 없습니다.
3) 시작신호에 맞춰 프리맨이 짐볼을 꼭짓점에 있는 우리 팀에게 굴려서 전달합니다.
4) 짐볼을 받은 친구는 다시 프리맨에게 짐볼을 전달하고, 이런 방법으로 꼭지점의 4명의 팀원과 프리맨이 짐볼을 빨리 주고받는 팀이 승리합니다.
5) 짐볼이 정사각형 밖으로 나간 경우 프리맨이 짐볼을 가져와야 하며, 짐볼은 바운드를 할 수 없고 반드시 굴려서 전달해야 합니다.

TIP

- 손 이외에 다리를 사용할 수도 있습니다.
- 프리맨, 꼭짓점, 던지는 선수의 역할을 바꾸어 게임을 진행합니다.

5-16 플로어 컬링(뉴에이지 컬링)

준비물 : 플로어 컬링 세트

적용학년 : 저 중 고

바퀴가 달린 스톤으로 하는 실내 컬링 게임입니다.

놀 이 방 법

1) 두 팀으로 나눈 후 가위바위보를 하여 선공과 후공을 정합니다.
2) 한 팀은 4명으로 구성하며, 스톤을 던지는 순서대로 서서 대기합니다.
3) 팀별로 한 명씩 스톤을 표적의 중심에 가까이로 굴립니다.
4) 모든 스톤을 다 굴리면 1엔드가 끝납니다. 표적의 중심에 가장 가까이 있는 스톤의 팀 점수만 합산합니다.
5) 4엔드의 점수를 합산하여 승리팀을 결정합니다.

TIP

- 엔드가 끝나고 다음 엔드를 시작할 때에는 이전 엔드의 승리팀부터 스톤을 던집니다.
- 표적판 없이 선을 긋고, 스톤이 선에 가까이 가는 연습을 충분히 한 후 경기를 시작합니다.

5-17 츄크볼

준비물 : 츄크볼 공(핸드볼 공), 츄크볼 네트, 접시콘

적용학년 : 저 중 고

핸드볼에서 유래된 뉴스포츠로, 가로 세로 1m의 네트에 공을 던져 튀어 오르게 하여 상대팀이 잡지 못하게 하는 게임입니다.

놀 이 방 법

1) 두 팀으로 나누어 진행합니다. 츄크볼에서 공은 드리블을 할 수 없으며 패스로만 이동할 수 있습니다.
2) 패스는 3번까지만 가능하며, 공을 잡은 선수는 패스를 하거나 공을 네트로 3초 이내에 던져야 해야 합니다.
3) 공격팀이 네트로 던진 공이 진입금지 구역(네트 주위의 반원)을 넘어 바닥에 떨어지거나, 수비팀이 잡지 못하면 1점을 획득합니다.
4) 만약, 네트에 공이 맞지 않고 코트 밖으로 나간 경우, 네트에 던진 공이 진입금지 구역에 떨어진 경우, 네트에 공을 던진 사람이 공에 맞는 경우에는 상대팀이 1점을 획득합니다.
5) 수비팀은 상대방의 공을 빼앗을 수 없으며, 네트에 튀긴 공만 잡을 수 있습니다.

TIP

- 참가 인원에 따라 네트를 2개 사용할 수 있으며, 이때 네트는 각 팀별로 나누는 것이 아니라 어느 네트든지 공격할 수 있습니다.
- 네트에서 튄 공을 잡는 기본 동작(두 손으로 공을 잡으면서 가슴 쪽으로 잡아당기기)을 충분히 연습 후 경기를 진행하면 좋습니다.

5-18 투투볼

준비물 : 줄배트, 투투볼 공(배구공), 베이스, 접시콘

적용학년 : 저 중 고

투투볼 줄배트를 2명이 함께 타격하여 공을 멀리 날리는 야구형 게임입니다.

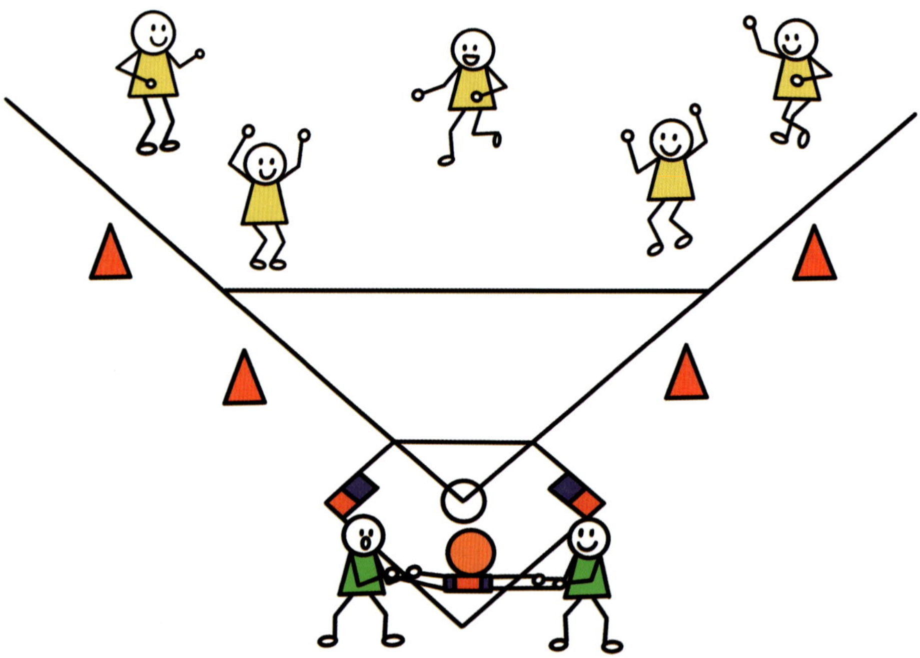

놀이방법

1) 반환 콘을 7m 거리(1점), 12m(2점) 1루 방향, 3루 방향에 놓습니다.
2) 줄배트를 2명이 함께 돌리다가 공을 타격합니다.
3) 타격 후 왼쪽에 있는 타자는 3루 방향으로, 오른쪽에 있는 타자는 1루 방향으로 콘을 돌아옵니다.
4) 점수는 양 방향의 콘 점수를 따로 계산하며, 스트라이크(헛스윙) 3회와 파울 3회 시 아웃됩니다.
5) 7 아웃 시 공격과 수비가 교체되며, 보통 4~5회 경기로 진행합니다.

TIP

- 줄배트로 타격을 한 후에 바닥에 놓도록 안전교육을 실시합니다.
- 야구게임처럼 베이스를 놓고 진행할 수도 있습니다.

5-19 레더볼

준비물 : 레더볼(볼로볼) 세트

적용학년 : 저 중 고

사다리 모양의 3단 바에 돌팔매 모양의 공을 던져 점수를 획득하는 게임입니다.

놀이방법

1) 레더볼 사다리를 시작점에서 5m정도 떨어진 위치에 놓습니다.
2) 팀별로 공을 던져 사다리에 공을 걸치면 점수를 획득할 수 있습니다.
3) 맨 위의 바는 3점, 중간 바는 2점, 맨 아래 바는 1점입니다.
4) 점수의 합이 21점에 먼저 도착하는 팀이 승리하는 게임입니다.

TIP

- 레더볼 뒤에 벽면이 있어야 하며, 던지는 벽면이 깨지지 않는 재질이어야 합니다.
- 1명 당 던질 수 있는 공의 수를 1개에서 3개까지 변경하여 진행할 수 있습니다.

한권으로 끝장내는 놀이대백과

초판1쇄 인쇄 2020년 2월 3일

초판1쇄 발행 2020년 2월 3일

지은이 엄혁주. 임문광. 신호철. 지음

천지혜 그림

발행자 김 재 호

발행처 휴먼북스

등록일 2018년 09월 13일

등록번호 제 2018-25호

주 소 서울시 중랑구 숙선옹주로 91 , 411동 901호

전 화 070-8614-6569

팩 스 070-8614-6569

정 가 27,000원

ISBN 979-11-901771-0-8